LAS MEDIDAS CAUTELARES EN EL PROCESO CONCURSAL: REGULACIÓN, TRAMITACIÓN PROCESAL Y RECURSOS

LAS MEDIDAS CAUTELARES EN EL PROCESO CONCURSAL: REGULACIÓN, TRAMITACIÓN PROCESAL Y RECURSOS

Pablo López García
Doctor en Derecho. Abogado.

Da mihi
factum
dabo tibi ius

INSTITUTO VASCO DE
DERECHO PROCESAL

Esta obra es una adaptación del trabajo galardonado con el Premio Instituto Vasco de Derecho Procesal (compartido), edición XIV, 2023/2024 siendo Presidente de la Comisión que lo ha otorgado el Prof. Dr. Antonio Mª. Lorca Navarrete, Catedrático de Derecho Procesal y Director del Instituto Vasco de Derecho Procesal.

Este libro ha sido sometido a un riguroso proceso de revisión por pares.

© 2024 Pablo López García
© 2024 Atelier
      Santa Dorotea 8, 08004 Barcelona
      e-mail: atelier@atelierlibros.es
      www.atelierlibrosjuridicos.com
      Tel. 93 295 45 60

I.S.B.N.: 979-13-87543-05-1
Depósito legal: B 19410-2024

Diseño y composición: Addenda, Pau Claris 92, 08010 Barcelona
                     www.addenda.es

Impresión: Podiprint

A Carmen

SUMARIO

ABREVIATURAS

A	Auto
AP	Audiencia Provincial
AC	Administración concursal
Art(s)	Artículo(s)
CE	Constitución Española
JM	Juzgado de lo Mercantil
LAJ	Letrado de la Administración de Justicia
LEC	Ley 1/2000, de 7 de enero, de Enjuiciamiento Civil
Ley 16/2022	Ley 16/2022, de 5 de septiembre, de reforma del texto refundido de la Ley Concursal, aprobado por el Real Decreto Legislativo 1/2020, de 5 de mayo, para la transposición de la Directiva (UE) 2019/1023 del Parlamento Europeo y del Consejo, de 20 de junio de 2019
LC	Ley 22/2003, de 9 de julio, Concursal
LOPJ	Ley Orgánica 6/1985, de 1 de julio, del Poder Judicial
LORC	Ley Orgánica 8/2003, de 9 de julio, para la Reforma Concursal, por la que se modifica la Ley Orgánica 6/1985, de 1 de julio, del Poder Judicial
S	Sentencia
TS	Tribunal Supremo (Sala de lo Civil)
TC	Sentencia del Tribunal Constitucional
TRLC	Real Decreto Legislativo 1/2020, de 5 de mayo, por el que se aprueba el texto refundido de la Ley Concursal

PRESENTACIÓN

La tutela judicial no es tal sin permitir la existencia de medidas cautelares adecuadas que aseguren el efectivo cumplimiento de la resolución definitiva que recaiga en el proceso (STC 10 febrero 1992). Aunque el término «medidas cautelares» no se mencione expresamente en el art. 24 CE, el derecho a la tutela cautelar forma parte del contenido esencial del derecho a la tutela judicial efectiva. En el proceso civil se satisface mediante el dictado de una resolución judicial motivada que, tras el análisis de los presupuestos exigidos legalmente, la audiencia a las partes, la práctica de las pruebas pertinentes y, en su caso, la celebración de vista, determine o no la necesidad de proteger los bienes jurídicos en conflicto con la pendencia del procedimiento principal.

Las medidas cautelares reguladas en los arts. 721 a 747 LEC son consideradas como un proceso de facilitación cuya finalidad es remover los obstáculos que puedan oponerse a la eficacia de un proceso principal, garantizando la eficacia de sus resultados (ATS 26 junio 2009).

Como sucede con otras instituciones procesales en el derecho de las insolvencias, las medidas cautelares también han sido algo descuidadas por el legislador concursal. En efecto, estas se regulan se regulan de forma inconcreta, incompleta, y asistemática en el TRLC.

Inconcreta, porque no se especifica si lo que se denomina en diferentes preceptos del TRLC como «medidas cautelares» debe entenderse con el mismo concepto y naturaleza con que se consagra en la legislación procesal común. Ya adelanto que no es así en todos los casos.

Incompleta, porque muchos de sus aspectos no se encuentran expresamente previstos en el TRLC. La LEC tiene que suplir esas carencias, conforme a los arts. 521 TRLC y 4 LEC. Aunque no siempre es posible.

Y asistemática, porque no se están concentradas en un mismo título o capítulo del TRLC, sino que se encuentran diseminadas a lo largo y ancho de su articulado. Esta circunstancia complica su estudio e interpretación.

Cabría, además, el calificativo de dispersa en lo relativo a las medidas que afecten a derechos fundamentales, porque su regulación se encuentra en una norma situada fuera del TRLC: la LORC. A ella se remite el art. 105 TRLC.

Estas características vienen a validar la idea de que la construcción procesal del proceso concursal es, en general, mejorable e indudablemente lo es, en particular, para las medidas cautelares. Lo que trasluce es que no se ha puesto en valor la importancia que la tutela cautelar puede llegar a tener para el buen fin del proceso concursal (o, al menos, no se ha afinado en su regulación normativa), para alcanzar el objetivo de eliminar los riesgos que amenacen la eficacia de los distintos pronunciamientos judiciales que puedan dictarse a lo largo del procedimiento.

Pues bien, esta obra tiene por finalidad identificar las medidas cautelares reguladas expresamente en la normativa concursal, aclarar cuál es la tramitación procesal y, finalmente, determinar el régimen de recursos que les corresponde. Para ello la he dividido en dos partes. Una primera, general, sobre el proceso concursal y las medidas cautelares en el proceso civil, pues considero apropiado realizar esta exposición introductoria al objeto de mejorar la comprensión del lector sobre la segunda parte —y más trascendental— de la obra, en la que ya me centro, en exclusiva, sobre las medidas cautelares del proceso concursal, identificándolas en la legislación, indicando su regulación, señalando su tramitación procesal y refiriendo su sistema de recursos.

Como punto de partida debo insistir en que la naturaleza de las medidas cautelares previstas en el TRLC no se corresponde necesariamente con la de las medidas cautelares reguladas en el título VI de la LEC. De tal manera, se entiende con carácter general que la tutela cautelar en el proceso concursal queda sometida a un régimen especial: rigen las normas generales de la LEC pero con las modificaciones específicas contenidas en el TRLC (p.ej., en algunos casos se admiten peculiaridades extrañas a la legislación procesal común, como la adopción de oficio o la no exigencia de caución)[1].

---

1. CHOCRÓN GIRÁLDEZ, A.M., «Consideraciones en torno a la tutela cautelar en el procedimiento judicial de concurso a la luz de la primera doctrina judicial», *Diario La Ley*, 7131, 2009 [consulta: 13/03/2024]; GONZÁLEZ GARCÍA, S., «Tutela cautelar y concurso de acreedores», *Revista General de Derecho Procesal*, 47, 2019, [en línea] https://www.iustel.com/v2/revistas [consulta: 13/03/2024]; HUALDE LÓPEZ, I., *La tutela cautelar en los procesos mercantiles*, Aranzadi, Pamplona, 2020, p. 319; y ORTELLS RAMOS, M., en *Las claves de la Ley Concursal* (Dir. QUINTANA CARLO, I.; BONET NAVARRO, Á. y GARCÍA-CRUCES GONZÁLEZ, J.A.), Aranzadi, Pamplona, 2005, p. 115.

CAPÍTULO UNO

EL PROCESO CONCURSAL Y LAS MEDIDAS CAUTELARES EN EL PROCESO CIVIL

I. EL PROCESO CONCURSAL

1. Introducción

En el derecho español, la tutela del crédito de los acreedores ante la situación de insolvencia del deudor se dirime a través de los procedimientos regulados en el TRLC: el concurso de acreedores (libro primero) y el procedimiento especial para microempresas (libro tercero). Junto con estos dos procedimientos también se establece el plan de reestructuración —como institución preconcursal— para dar solución a la situación de insolvencia con carácter previo a iniciarse un procedimiento judicial de concurso (libro segundo). Por último, están las normas de derecho internacional privado de la insolvencia (libro cuarto).

Podemos entender conjuntamente estos procedimientos (el concurso de acreedores, los planes de reestructuración y el procedimiento especial para microempresas) como el proceso concursal desde un punto de vista amplio. Así, la función principal del proceso concursal es satisfacer los intereses de los acreedores del deudor insolvente de la manera más eficiente posible dentro de las previstas en el TRLC (convenio, liquidación, venta de la unidad productiva, plan de reestructuración, plan de continuación...), ya sea en un marco judicial (concurso o procedimiento especial para microempresas) o extrajudicial (plan de reestructuración).

En este sentido, conviene tener presente que la legislación concursal incluye normativa de diferente índole (procesal, mercantil, civil, social, administrativa y tributaria), que se entrelaza y se subordina a una sucesión de actos que conforma un proceso complejo: el proceso concursal[2].

2. Antecedentes históricos

En el derecho romano no hubo un procedimiento concursal según la concepción actual que tenemos del mismo, sino que existieron distintas instituciones para defender los intereses de los acreedores. Así, en las XII Tablas (siglo V a.C.) se regulaba un sistema de ejecución forzosa sobre la persona del deudor, denominado *manus iniectio*, según el cual, una vez que la persona había sido declarada judicialmente como insolvente, quedaba a merced de su acreedor para que este, a fin de saldar las deudas impagadas, pudiera retenerlo para que un tercero pagara su rescate, venderlo o incluso darle muerte[3]. También se dice (aunque no hay fehaciencia al respecto) que existía otro procedimiento ejecutivo para los supuestos donde existieran varios acreedores, llamado *partis secanto*, en los que, en última instancia, se facultaba a estos a trocear el cuerpo del deudor en tantas partes como acreedores fueran para pagar la deuda con su venta[4]. Con la *Lex Poetelia Papiria* (siglo III a.C.) se superó

2. Guerrero Palomares, S., *Derecho Procesal Concursal*, Tirant lo Blanch, Valencia, 2020, p. 27.
3. Gurrea Martínez, A., «Hacia la supresión de la calificación del concurso», *Revista de Derecho Concursal y Paraconcursal*, 28, 2018, [en línea] https://laleydigital.laleynext.es [consulta: 13/03/2024].
4. García Escobar, G.A., *El sentido de la institución concursal: los principios del concurso*, Universidad de Granada, Granada, 2016, pp. 41-45.

el sistema de ejecución personal por el de la ejecución patrimonial, hasta llegar a la *cessio bonorum* (siglo I a.C.)[5], en el que el deudor podía presentarse ante el magistrado y manifestar de manera solemne que ponía sus bienes a disposición de sus acreedores, cediéndoselos para que fueran vendidos en bloque por un magister en pública subasta en pago de las deudas. La *distractio bonorum* fue un procedimiento similar al anterior, en el que los bienes pasaban a posesión de un *curator* que procedía a su enajenación, pero no en bloque, sino de manera individual, aunque con la misma finalidad que la *cessio bonorum*.

Fue durante el derecho medieval (siglo XIII) cuando el derecho concursal comenzó a desarrollarse con mayor expansión, entre otras cuestiones, debido al aumento del comercio en las ciudades-estado del norte de Italia (Venecia, Génova, Bolonia o Florencia) y a la necesidad de prevenir las consecuencias de que los comerciantes pudieran acabar insolventes[6].

El derecho estatutario italiano (que a la postre imprimiría gran influencia a la legislación concursal española) estableció un procedimiento judicial para conocer de la insolvencia del deudor comerciante: la quiebra[7]. Se trataba de un proce-

---

5. GARCÍA ESCOBAR, G.A., *El sentido...*, cit., pp. 48-49; y GONZÁLEZ PACHÓN, L., *La desprivatización y desjudicialización del derecho de insolvencia: especial referencia a los acuerdos de refinanciación*, Marcial Pons, Madrid, 2021, pp. 30-31.

6. GONZÁLEZ PACHÓN, L., ob. cit., p. 32.

7. SÁNCHEZ PAREDES, M.L. y FLORES SEGURA, M., *Lecciones de Derecho Mercantil* (Dir. MENÉNDEZ MENÉNDEZ y ROJO FERNÁNDEZ-RIO), Civitas, Madrid, 2022, vol. II, p. 453, explican que el término «quiebra» deriva de que, en caso de insolvencia, el deudor desaparecía del lugar donde comerciaba por las consecuencias que le iban a deparar, por lo que su mesa, puesto o banca que tenía en el mercado como comerciante, se le rompía o «quebraba», pues ya no iba a volver más; de ahí también precisamente el término de «bancarrota».

dimiento privado con apenas intervención judicial, donde los propios acreedores ocupaban los bienes del deudor, designaban a unos síndicos para su administración y venta y, de acuerdo con la regla de la *par conditio creditorum*, se repartían entre ellos el producto obtenido.

Dentro del derecho español medieval se pueden encontrar las primeras muestras sobre comportamientos y consecuencias ante insolvencias en el Código de la Siete Partidas (siglo XIII), donde se encontraban sistematizadas las reglas principales de las quiebras y se regulaban institutos propiamente concursales, como el convenio del deudor con sus acreedores o las quitas[8]. No obstante, las raíces del derecho concursal en España deben buscarse en las leyes de aquellos lugares donde el comercio y, por tanto, las relaciones mercantiles tuvieron mayor auge y, con ello, había mayores riesgos de insolvencia. Así sucedió, p.ej., con los Fueros de Valencia (1261) o con el Libro del Consulado del Mar de Cataluña (1484), al ser territorios influenciados por el desarrollo del comercio del norte de Italia y, por ende, por el derecho estatutario italiano. En el derecho castellano, sin embargo, no se reguló la quiebra hasta finales del siglo XVI, en la Nueva Recopilación (1567), y más tarde en la Novísima Recopilación (1805), supliéndose la insuficiencia legislativa sobre insolvencia por la doctrina científica y la práctica forense[9].

Finalmente, un hito de especial importancia dentro de los antecedentes históricos del derecho concursal español fueron las Ordenanzas de Bilbao (1735). Esta norma cristalizó a raíz del encargo efectuado por el Consulado de Comercio de Bilbao a una comisión de juristas para paliar la laguna normativa que existía sobre el derecho mercantil en general, y

8. GONZÁLEZ PACHÓN, L., ob. cit., p. 34.
9. GARCÍA ESCOBAR, G.A., *El sentido...*, cit., pp. 75-76.

en particular sobre la situación de insolvencia del empresario. Las Ordenanzas regulaban desde un punto de vista bastante completo, tanto en su vertiente sustantiva como procesal, las situaciones concursales de los comerciantes cuando no podían hacer frente a sus deudas, distinguiendo tres clases de quiebra (atrasos, fallidos o alzados), con efectos diferentes sobre la persona y el patrimonio del deudor. Estas Ordenanzas fueron recibidas en distintas ciudades, adaptando los respectivos Consulados sus propias Ordenanzas, como, p.ej., San Sebastián (1766), Santander (1794) o Málaga (1825)[10].

La regulación del derecho concursal previgente se encontraba en el Código de Comercio de 1829; en el Código de Comercio de 1851; en la Ley de Enjuiciamiento Civil de 1881; en el Código Civil; en la Ley de 26 de julio 1922, de suspensión de pagos; y en determinadas leyes especiales (p.ej., la Ley de 12 de noviembre de 1869, sobre quiebra de las compañías de ferrocarriles, concesionarias de canales y demás obras públicas análogas).

El Código de Comercio de 1829 fue el primer código de derecho mercantil español. La parte más esencial de las Ordenanzas de Bilbao sobre insolvencias pasó a este Código de Comercio de 1829[11]. Se le dedicó un título por entero, centrado en la figura del deudor, distinguiéndose cinco tipos de quiebras (suspensión de pagos, insolvencia fortuita, insolvencia culpable, insolvencia fraudulenta y alzamiento). Únicamente regulaba disposiciones de carácter sustantivo, realizando una remisión a la ley procesal para dotar de contenido la regulación adjetiva.

Más tarde se publicó el Código de Comercio de 1885, regulando, hasta la LC, la materia concursal en España, aun-

---

10. GARCÍA ESCOBAR, G.A., *El sentido...*, cit., p. 91.
11. GONZÁLEZ PACHÓN, L., ob. cit., p. 43.

que, a nivel procesal, contenía remisiones a la Ley de Enjuiciamiento Civil de 1881. Disminuyeron las clases de quiebra a tres (insolvencia fortuita, culpable y fraudulenta), excluyendo la suspensión de pagos.

Así las cosas, el sistema concursal previo a la LC de 2003 se componía de cuatro piezas. Por un lado, dos procedimientos previstos para el deudor civil: el concurso de acreedores (procedimiento judicial de ejecución colectiva y universal previsto para situaciones de insolvencia del deudor civil) y la quita y espera (instituto cuya finalidad perseguía alcanzar un acuerdo entre el deudor civil con sus acreedores, de reducción y/o aplazamiento en el pago de sus deudas). Por otro lado, para el deudor comerciante estaba prevista la quiebra (procedimiento judicial que tenía como presupuesto la insolvencia del comerciante cuando su patrimonio era insuficiente para hacer frente a sus deudas, y que implicaba una ejecución colectiva y universal de su patrimonio) y la suspensión de pagos (prevista para dar soluciones a situaciones de imposibilidad provisional para hacer frente a las deudas del deudor mercantil, buscando un aplazamiento o demora en el pago de las deudas).

El cuerpo normativo conformado durante la época de la codificación fue objeto de dura crítica por resultar profuso, confuso, caótico, inadecuado, anacrónico y carente de sistema interno[12]. La necesidad de una nueva ley concursal fue una aspiración de toda la doctrina, dada cuenta de la amal-

---

12. CORDÓN MORENO, F., *Proceso Concursal*, Aranzadi, Pamplona, 2013, p. 19; GÓMEZ COLOMER, J.L., *Derecho Jurisdiccional II: Proceso Civil* (con MONTERO AROCA, J., BARONA VILAR, S. y CALDERÓN CUADRADO, M.P.), Tirant lo Blanch, Valencia, 2019, p. 888; y VÁZQUEZ SOTELO, J.J., «La situación caótica y "laberíntica" de la legislación concursal española. Necesidad y aciertos de la Ley concursal», *La Ley, Revista jurídica española de doctrina, jurisprudencia y bibliografía*, 4, 2003, [en línea] https://laleydigital.laleynext. es [consulta: 13/03/2024].

gama de defectos que arrastraba el régimen previgente. Incluso desde la Unión Europea llegaron advertencias para actualizar el cuerpo normativo español de insolvencias, como ya se había hecho en prácticamente todas las legislaciones europeas del entorno[13].

Existieron diferentes trabajos prelegislativos (el anteproyecto de Ley Concursal de 1959, el anteproyecto de Ley Concursal de 1983 y la propuesta de anteproyecto de Ley Concursal de 1995[14]) que se desecharon. La Sección Especial para la Reforma Concursal elaboró otro, concluido en mayo de 2000, que fue el antecedente de la LC.

Los principios que informaron en su momento la LC fueron, en primer lugar, el de unidad legal, que significó que en un mismo texto se regulasen los aspectos materiales y procesales del concurso. En segundo lugar, el principio de unidad de disciplina, ya que la norma se dirigía frente a deudores comerciantes y no comerciantes. Y, en tercer lugar, el principio de unidad de procedimiento, al diseñarse un único procedimiento, aunque con dos cauces (ordinario y abreviado), y ello sin perjuicio de que este principio se ha ido desdibujando con las posteriores reformas, entre otras cuestiones, por la apuesta del legislador hacia los expedientes preconcursales, hasta quedar directamente sin efecto con la implementación de dos procedimientos diferenciados con la Ley 16/2022: el concurso de acreedores y el procedimiento especial para microempresas.

En cuanto a las notas características de la LC, se pueden citar: (i) la simplificación de la estructura orgánica del concurso, quedando constituida por el Juez y la AC; (ii) la especialización del Juez del concurso y de la jurisdicción mercantil; (iii) la sustitución del perturbador sistema de retroacción

---

13. VÁZQUEZ SOTELO, J.J., ob. cit.
14. CORDÓN MORENO, F., *Proceso...*, cit., p. 22.

que existía en el Código de Comercio de 1855 por un sistema de reintegración concursal dirigido a rescindir los actos perjudiciales para la masa activa en los dos años anteriores a la declaración de concurso; (iv) la introducción de importantes novedades en la clasificación de créditos, con la finalidad de suprimir el desproporcionado sistema de privilegios de la normativa anterior; (v) el establecimiento de dos soluciones ante la insolvencia: convenio y liquidación; o (vi) la desaparición del carácter represivo del concurso, limitando los efectos de la fase de calificación a la esfera civil.

En resumen, la LC constituyó una verdadera revolución en el panorama concursal español al instaurar un marco normativo de insolvencias moderno, regido por los principios de unidad legal, de disciplina y de procedimiento, configurando al concurso como un procedimiento que perseguía la satisfacción de los intereses de los acreedores del concursado a través, principalmente, de un convenio, o, en su defecto, mediante la liquidación del patrimonio del deudor para saldar de manera ordenada las deudas de este.

Las únicas referencias expresas a las medidas cautelares en la LC original se encontraban en los arts. 17 (medidas cautelares anteriores a la declaración del concurso necesario), 21.1.4º (medidas cautelares en el auto de declaración de concurso), 48 (embargo de bienes en los concursos de persona jurídica), 87.4 (medidas cautelares en casos especiales de reconocimiento de créditos), 129.4 8 (medidas cautelares en el trámite de oposición al convenio) y 226 (medidas cautelares adoptadas relacionadas con un procedimiento concursal extranjero).

3. El texto refundido de la Ley Concursal

Aun cuando la LC supuso un notabilísimo salto cualitativo en nuestro derecho concursal, no solventó todos los problemas afrontados y pronto fue necesario realizar reformas parciales del texto. La LC fue objeto de numerosísimas reformas (casi treinta) que alteraron las bases de las que partía. Por ello se dice en la Exposición de Motivos del TRLC —y con razón— que la historia de la LC es la historia de sus reformas.

Esta acumulación de sucesivas reformas generó un texto inestable, desordenado y de difícil lectura e interpretación, lo cual conllevó la habilitación al Gobierno para elaborar y aprobar un texto refundido de la LC con la finalidad de regularizar, aclarar y armonizar dicho texto legal. Por este motivo, en el año 2016 se constituyó, en el seno de la Sección de Derecho Mercantil de la Comisión General de Codificación, una Ponencia Especial para la elaboración de una propuesta de texto refundido de la ley concursal[15]. El día 7 de mayo de 2020 se publicó el TRLC. Se dividía en tres libros, dedicados, el primero, al concurso de acreedores, el segundo al derecho preconcursal y el tercero al derecho internacional privado; contando en total con 752 artículos. El notorio incremento de preceptos respecto a la LC (más de quinientos) tenía su razón de ser en la búsqueda de simplicidad en la redacción de las normas.

Las referencias sobre adopción de medidas cautelares en el TRLC se ubicaban en los arts. 18 (medidas cautelares anteriores a la declaración del concurso necesario), 28.3 (medidas cautelares en el auto de declaración de concurso), 133 (embargo de bienes en los concursos de persona jurídica), 261.5 (medidas cautelares en casos especiales de reconoci-

---

15. Según las Órdenes del Ministerio de Justicia de fechas 20 de enero y 7 de abril de 2016, la Ponencia Especial se conformaba por cuatro catedráticos de derecho mercantil, dos magistrados especialistas en asuntos de lo mercantil y un abogado del estado, sin que existiera un especialista en derecho procesal. Algo similar sucedió con la reforma de la Ley 16/2022, a tenor de lo dispuesto en la Orden del Ministerio de Justicia de fecha 28 de septiembre de 2018.

miento de créditos), 313 (medidas cautelares en orden a la modificación de la lista definitiva de acreedores), 387 (medidas cautelares en el trámite de oposición al convenio), 432.2, 434.2 (medidas cautelares en relación con el pago de créditos con privilegio general y ordinarios), 520 (medidas cautelares a solicitud de jueces o tribunales del orden jurisdiccional penal) y 748 (medidas cautelares adoptadas relacionadas con un procedimiento concursal extranjero).

Apenas un año después de la entrada en vigor del TRLC se publicó la Ley 16/2022. Esta reforma venía impuesta por la transposición de la Directiva (UE) 2019/1023 del Parlamento Europeo y del Consejo, de 20 de junio de 2019. Se trató de una reforma estructural y de gran calado, con una profunda revisión de algunos institutos esenciales del concurso, tal y como queda patente con su extensión (pues afectó a más de un tercio del TRLC) y con su complejidad (a la vista del número de enmiendas formuladas durante la tramitación parlamentaria: más de 600 en el Congreso de los Diputados y más de 250 en el Senado).

4. Tramitación procesal en el texto refundido de la Ley Concursal

4.1. Juzgados de lo Mercantil

El concurso es un proceso incardinado dentro de la jurisdicción civil (art. 9.2 LOPJ), que es la que conoce de los asuntos de derecho privado civil y mercantil, y ello aunque dentro del concurso se diriman materias que pueden ir más allá del derecho civil y mercantil (p.ej., cuestiones laborales o de derecho administrativo)[16]. De hecho, algún autor ha manifestado que, bajo el marco del derecho concursal, se

---

16. Guerrero Palomares, S., ob. cit., p. 35.

crea una nueva jurisdicción que traspasa trasversalmente los tradicionales órdenes civil, penal, contencioso-administrativo y laboral[17]. La competencia objetiva para conocer de la materia concursal corresponde a los Juzgados de lo Mercantil, de acuerdo con lo establecido en los arts. 86 *ter*.1 LOPJ y 44 TRLC. Estos Juzgados tienen competencia exclusiva y excluyente para el conocimiento del procedimiento concursal y de las demás materias previstas en la LOPJ (art. 86 *ter*.1) y en el TRLC (arts. 52 a 56).

En particular, el art. 54.1 TRLC establece que: «La jurisdicción exclusiva y excluyente del juez del concurso se extiende a cualquier medida cautelar que afecte o pudiera afectar a los bienes y derechos del concursado integrados o que se integren en la masa activa, cualquiera que sea el tribunal o la autoridad administrativa que la hubiera acordado, excepto las que se adopten en los procesos civiles sobre capacidad, filiación, matrimonio y menores, así como de cualquiera de las adoptadas por los árbitros en el procedimiento arbitral».

La competencia territorial se regula en el art. 45 TRLC, siendo el criterio general que conocerá del concurso el Juzgado de lo Mercantil del lugar donde el deudor tenga el centro de sus intereses principales.

4.2. Órganos

Una de las notas características de la legislación concursal actual consiste en la simplificación de la estructura orgánica del concurso, por cuanto tan solo el Juez del concurso y la AC constituyen los órganos necesarios en el procedimien-

---

17. CORTÉS DOMÍNGUEZ, V., «La naturaleza jurídica de la declaración judicial de concurso», en *Tratado de Derecho Mercantil, Vol. 7: Derecho Procesal Concursal* (Dir. OLIVENCIA RUIZ, M.; FERNÁNDEZ-NOVOA RODRÍGUEZ, C. y JIMÉNEZ DE PARGA CABRERA, R.), Marcial Pons, Madrid, 2008, pp. 22 y ss.

to, con la matización de que la actuación de la AC en el novedoso procedimiento especial para microempresas no es, en realidad, preceptiva.

La AC es el órgano específicamente creado para la organización y gestión del concurso bajo la supervisión del Juez, al que se le une otra condición, la de parte en el proceso, en representación de la masa o del concursado en determinados supuestos, pudiendo ejercitar pretensiones de tutela de los intereses legalmente encomendados y oponerse a las que se formulen contra dichos intereses (art. 509 TRLC). La AC será designada en el auto de declaración del concurso (excepto en el procedimiento especial para microempresas, *ex* art. 713 TRLC), determinándose así mismo su nivel de facultades sobre los bienes, derechos y obligaciones del deudor. Entre las funciones más relevantes que debe asumir la AC, destaca la administración del patrimonio del concursado (arts. 106 y 413.1.1º TRLC), la elaboración del informe general donde analiza la situación económico-patrimonial del deudor y confecciona el inventario de la masa activa y el listado de acreedores (arts. 290 y ss. TRLC), la sustitución del deudor en determinados procedimientos litigiosos (arts. 119 y 120 TRLC), el ejercicio de acciones rescisorias especiales (art. 231 TRLC), el ejercicio de acciones de resolución de determinados contratos en interés del concurso (art. 165 TRLC), la presentación de solicitudes de autorización judicial que estime pertinentes (art. 518 TRLC), la evaluación de las propuestas de convenio que se presenten (art. 347 TRLC) o la presentación de informes de rendición de cuentas (arts. 102, 395 y 478 y ss. TRLC).

El experto en reestructuraciones es una figura nueva en derecho español, instaurada por la Ley 16/2022 y regulada en los arts. 672 a 681 TRLC, aunque su intervención no es preceptiva en todos los procesos concursales.

Dentro del ámbito del *pre-pack administration* (arts. 224 *ter* a 224 *septies* TRLC), se ha previsto la posibilidad del nombramiento de un experto, que podrá recaer en persona natural o jurídica que reúna las condiciones legalmente exigidas, y cuya misión principal es recabar las ofertas para la venta de unidades productivas del deudor en situación de insolvencia antes de declararse judicialmente en concurso y llevar a buen fin dicha operación.

Hasta la reforma de la Ley 16/2022, la junta de acreedores era otro órgano más del concurso, sin perjuicio de que su constitución dependía de las circunstancias en que se desarrollase el convenio. En la junta se votaba y, en su caso, se aprobaba el convenio en los supuestos previstos en la normativa concursal. Hoy en día, este órgano ya no existe.

4.3. Partes

Al margen de actuaciones procedimentales concretas (p.ej., incidente concursal, solicitud de autorización judicial, etc.), la determinación de la condición de parte, y en particular, el lado activo y pasivo en el concurso, no es una tarea sencilla[18]. En efecto, el concepto de parte en el proceso civil no es el mismo concepto de parte que en el proceso concursal. Aunque en ambos puedan existir partes que ejerciten derechos subjetivos ante la jurisdicción con la finalidad de obtener una tutela judicial respecto de los mismos, en el concurso puede haber ocasiones en las que no haya un debate propiamente contencioso, toda vez que normalmente existe una parte atípica para el proceso civil, la AC, cuyo desempeño en el proceso concursal no es estrictamente el de parte procesal, según la concepción existente de esta institución para el proceso civil[19].

Efectuada la anterior matización, partes en el concurso pueden ser, en primer lugar, el deudor, persona natural o

---

18. Gómez Colomer, J.L., ob. cit., p. 892.
19. Guerrero Palomares, S., ob. cit., p. 63.

jurídica. Es parte necesaria en todas las secciones del concurso y actuará siempre representado por procurador y asistido de letrado (arts. 509.1 y 510 TRLC). En segundo lugar, la AC. Sin perjuicio de que, como ya he dicho, su intervención en el procedimiento especial para microempresas no es preceptiva, tiene reconocida la condición de parte necesaria en el concurso de acreedores (art. 509.1 TRLC). En tercer lugar, los acreedores. Actuarán representados por procurador y asistidos por letrado para formular la solicitud de concurso necesario, para comparecer en el procedimiento y para presentar solicitudes, demandas o recursos (art. 512.1 TRLC). En cuarto lugar, las personas que ostenten un interés legítimo. Podrán comparecer siempre representados por procurador y defendidos por letrado (art. 512.3 TRLC). En quinto lugar, las Administraciones Públicas y la representación de los trabajadores (art. 513 TRLC). En sexto lugar, el Fondo de Garantía Salarial, que tendrá la consideración de parte demandada si en el proceso concursal pudiera derivarse hacia dicho ente la responsabilidad para el abono de salarios o de indemnizaciones a trabajadores, sea en concepto de créditos contra la masa o de créditos concursales (art. 514 TRLC). Por último, el Ministerio Fiscal, que dejó de actuar de manera obligatoria en la sección de calificación desde la reforma de la Ley 16/2022.

De todos modos, hay que tener en cuenta que durante la tramitación del concurso pueden comparecer e intervenir un número indeterminado de partes, variándose las posiciones y funciones dentro de la estructura del proceso y cuya determinación dependerá, en realidad, de las concretas circunstancias de cada actuación procesal en las que se intervenga (p.ej., en unos casos el deudor será demandante, mientras que, en otros, demandado)[20]. El nexo común de todas las

---

20. LÓPEZ SÁNCHEZ, J., *El proceso concursal*, Aranzadi, Pamplona, 2012, p. 243.

partes que intervienen es que el objetivo que siempre deben perseguir es la satisfacción general de los intereses de los acreedores del deudor.

4.4. Concurso de acreedores

a) Solicitud de declaración de concurso

En el proceso concursal no encontramos los elementos tradicionales del proceso civil, a saber: escritos iniciales de alegaciones de las partes (demanda y contestación), celebración del juicio y sentencia. En efecto, el concurso es un instrumento procesal más complejo. Aunque el planteamiento inicial sea, en apariencia, sencillo, pues debe haber una primera parte, denominada fase común, y una segunda, fase de convenio o de liquidación, lo cierto es que pueden existir otra serie de actuaciones, no necesariamente de poca importancia, que discurrirán paralelas al devenir del concurso.

La solicitud de declaración de concurso es un acto procesal de postulación encaminado a obtener una resolución judicial por la que se declare la situación de concurso del deudor y se inicie el procedimiento concursal[21].

Puede ser declarado en concurso cualquier deudor, sea persona natural o jurídica (art. 1.1 TRLC).

La solicitud de declaración de concurso presentada por el propio deudor (arts. 6 y ss. TRLC) deberá fundarse en que se encuentra en estado de insolvencia, actual o inminente.

---

21. REVILLA GONZÁLEZ, J.A., «Líneas generales del procedimiento concursal. Breve descripción de su contenido», en *Tratado de Derecho Mercantil*, Vol. 7: Derecho Procesal Concursal (Dir. OLIVENCIA RUIZ, M., FERNÁNDEZ-NOVOA RODRÍGUEZ, C. y JIMÉNEZ DE PARGA CABRERA, R.), Marcial Pons, Madrid, 2008, p. 129.

Si la solicitud de declaración de concurso la presenta un acreedor (art. 13.1 TRLC), expresará el origen, la naturaleza, el importe, las fechas de adquisición y vencimiento, y la situación actual del crédito, del que acompañará la documentación acreditativa, indicando la relación fáctica en que fundamenta el estado de insolvencia del deudor. Los demás legitimados deberán expresar en la solicitud el carácter con el que la formulan y acompañarán la documentación de la resulte su legitimación o propondrán la prueba oportuna para acreditarla (art. 13.2 TRLC). La solicitud deberá fundarse en alguno de los hechos externos reveladores del estado de insolvencia previstos en el art. 2.4 TRLC

b) Declaración judicial del concurso

Según el art. 29.1 TRLC, el concurso de acreedores tendrá la consideración de voluntario cuando la primera de las solicitudes la hubiera presentado el propio deudor. Y se considerará necesario en los demás casos, con la excepción prevista en el art. 29.2 TRLC.

En el concurso voluntario, el Juez examinará los presupuestos procesales de aplicación, así como los documentos que acrediten la legitimación y el presupuesto objetivo del concurso (la insolvencia) para decidir sobre la admisión a trámite de la solicitud de declaración de concurso. En caso de concurrir todos los requisitos y presupuestos exigidos, dictará auto declarando el concurso voluntario del deudor sin más trámites (art. 10.2 TRLC). Es una tramitación sin contradicción previa.

En el concurso necesario, una vez admitida a trámite la solicitud, si el deudor no se opone o se allana a la pretensión del instante del concurso o si, antes de ser emplazado para oponerse a la solicitud de concurso, hubiera solicitado su propia declaración de concurso (art. 19 TRLC), el Juez dictará auto declarando el concurso. En cambio, si el deudor se opone, se seguirá el procedimiento regulado en los arts. 20 y ss. TRLC, que básicamente consiste en que, presentados los escritos de solicitud de concurso y de oposición, el LAJ citará a las partes a una vista, en la que, tras la ratificación de sus respectivas posiciones, el Juez decidirá sobre la pertinencia de los medios de prueba propuestos, practicándose en ese momento aquellas pruebas que pueda llevarse a cabo en la vista y, en su caso, señalando el LAJ otro día para la práctica de las que no puedan hacerse en ese momento. Después de todo ello, el Juez dictará auto resolviendo sobre la solicitud de concurso necesario. Podrá estimarla y acordar la declaración de concurso o, por el contrario, desestimar la solicitud (art. 24 TRLC).

De acuerdo con el art. 18.1 TRLC, a petición del legitimado para instar el concurso necesario, el juez, al admitir a trámite la solicitud, podrá adoptar las medidas cautelares que considere necesarias para asegurar la integridad del patrimonio del deudor.

El auto de declaración de concurso[22] contendrá los pronunciamientos indicados en el art. 28 TRLC: el carácter voluntario o necesario del concurso, los efectos sobre las facultades de administración y disposición del deudor respecto de la masa activa; el nombramiento de la AC, etc. El Juez podrá acordar determinadas medidas cautelares en el auto de declaración de concurso (art. 28.3 TRLC).

---

22. RODRÍGUEZ MASEDA, J.C., «Sobre la naturaleza jurídica del auto de declaración de concurso», E-Dictvm, 124, 2022, [en línea] https://dictumabogados.com/articulos/sobre-la-naturaleza-juridica-del-auto-de-declaracion-del-concurso/ [consulta: 13/03/2024], expone como la doctrina científica ha discutido acerca de si naturaleza del auto de declaración de concurso es constitutiva, declarativa o procesal, aportando, cada corriente, razonables argumentos para sostener cada una de las teorías.

c) *Fase común*

El auto de declaración de concurso abrirá la fase común del concurso (art. 30.1 TRLC). Las finalidades de la fase común del concurso son, básicamente, determinar la situación real del patrimonio del concursado (su activo y su pasivo) e impedir que este patrimonio sufra perjuicio o disminución durante la pendencia del procedimiento a consecuencia de la actividad del deudor[23]. La AC cobra un notorio protagonismo durante la fase común al llevar a cabo todas aquellas actuaciones necesarias para poder fijar con la mayor exactitud posible la situación de insolvencia del deudor, lo cual servirá luego para canalizar la solución del concurso[24].

Tras haberse dotado de la debida publicidad a la declaración judicial de concurso y después de que los acreedores hayan realizado el trámite de comunicar sus créditos a la AC, esta cumplirá una de sus principales funciones con la elaboración del informe general, el inventario de la masa activa, la lista de acreedores y, si se hubiera presentado propuesta de convenio, el informe de evaluación. Una vez presentado el informe general en la oficina judicial, se pueden formular impugnaciones al inventario de la masa activa y/o a la lista de acreedores. No obstante, una vez definida la lista de acreedores tras las impugnaciones, es posible que esa lista definitiva sea objeto de modificación, para lo cual hay un procedimiento reglado en los arts. 308 y ss. TRLC, permitiéndose la adopción de medidas cautelares en el art. 313 TRLC.

Deviene necesario apuntar que, en el ámbito concursal, los créditos pueden ser contra la masa (art. 242 TRLC) o concursales (art. 269 TRLC). Los primeros son créditos nacidos

---

23. GONZÁLEZ GARCÍA, J.M., *Comentario a la Ley Concursal* (Dir. PULGAR EZQUERRA, J.), Wolters Kluwer, Madrid, 2020, t. I, p. 30.
24. REVILLA GONZÁLEZ, J.A., ob. cit., p. 131.

con posterioridad a la declaración del concurso (salvo algunas excepciones que la propia norma recoge), no se integran en la masa pasiva del concurso y, como norma general, se satisfacen a sus respectivos vencimientos. Y los segundos, se han devengado normalmente con anterioridad al concurso, sí se integran en la masa pasiva y se pagan de la manera reglamentada en el propio TRLC. Los créditos concursales pueden clasificarse, a su vez, en créditos con privilegio especial si afectan a determinados bienes o derechos (art. 270 TRLC), créditos con privilegio general si afectan a todo el patrimonio del deudor (art. 280 TRLC), créditos ordinarios (art. 269.3 TRLC) y subordinados (art. 281 TRLC). También existen supuestos especiales de reconocimiento de créditos, entre ellos, los sometidos a condiciones resolutorias o suspensivas, sobre los cuales es posible adoptar medidas cautelares en determinados supuestos (art. 261.5 TRLC).

Dentro de los quince días siguientes al de presentación del informe general de la AC, el LAJ dictará decreto poniendo fin a la fase común del concurso, con simultánea apertura de la fase de liquidación si todavía no estuviera abierta, salvo que se hubiera presentado propuesta de convenio (art. 296 *bis* TRLC), en cuyo caso se abriría la fase de convenio.

d) Fase de convenio

El convenio es un acuerdo de voluntades entre el concursado y la colectividad de sus acreedores, sancionado por el Juez del concurso, que tiene por objeto la satisfacción de los acreedores normalmente, mediante las correspondientes quitas (o reducciones de los créditos) y/o esperas (o aplazamientos en los pagos)[25].

---

25. SÁNCHEZ PAREDES, M.L. y FLORES SEGURA, M., ob. cit., p. 544.

El convenio debe estar redactado por escrito y firmado (art. 316.1 TRLC). El contenido del convenio deberá contener proposiciones de quita, de espera o de quita y espera (art. 317.1 TRLC). También podrá incluirse la fusión, escisión o cesión global de activo o pasivo de la persona jurídica concursada (art. 317.1 *bis* TRLC). A las propuestas de convenio se adjuntará un plan de pagos (art. 331 TRLC) y, en determinados, también un plan de viabilidad (art. 332 TRLC). La AC analizará y computará las adhesiones en los términos previstos en los arts. 361 y 376 a 380 TRLC. Si se hubiera obtenido la aceptación de los acreedores con las mayorías exigida por la ley, el LAJ someterá el convenio aceptado a la aprobación del Juez (art. 381 TRC). Quienes no se hubieran adherido a la propuesta, y también la AC, estarán legitimados para formular oposición a la aprobación judicial del convenio (arts. 382 a 384 TRLC). La oposición seguirá los trámites previstos para el incidente concursal (art. 386 TRLC). El Juez podrá rechazar de oficio la aprobación judicial del convenio si aprecia que no se cumplen los requisitos establecidos en la ley (art. 392 TRLC). El art. 387 TRLC regula la posibilidad de adoptar medidas cautelares en el trámite de oposición a la aprobación judicial del convenio.

La plena eficacia del convenio se adquiere tras la firmeza de la sentencia de aprobación del mismo. Como consecuencia de dicha firmeza, se producirán una serie de efectos como el cese de la AC en su cargo o la supresión de los efectos de la declaración de concurso. El pago a los acreedores se realizará de acuerdo con las disposiciones incluidas en el convenio aprobado judicialmente (arts. 396 a 398 TRLC).

e) *Fase de liquidación*

La fase de liquidación se abrirá cuando lo pida el concursado (art. 406 TRLC); cuando se estime la petición de la AC sobre la base del cese, total o parcial, de la actividad profesional y económica del deudor (art. 408 TRLC); y en los supuestos en los que debe procederse a su apertura de oficio, regulados en el 409 TRLC.

La apertura de la fase de liquidación produce, entre otros, los siguientes efectos (art. 411 a 414 *bis* TRLC): si el concursado fuera persona natural, la suspensión del ejercicio de las facultades de administración y de disposición sobre los bienes y derechos que integran la masa activa, o la extinción del derecho a alimentos con cargo a la masa activa; y si fuera persona jurídica, la declaración de disolución y, en todo caso, el cese de los administradores o liquidadores, que serán sustituidos a todos los efectos por la AC.

En la actualidad, al acordar la apertura de la liquidación de la masa activa, el Juez, previa audiencia de la AC, podrá establecer las reglas especiales de liquidación que considere oportunas, así como, bien de oficio o bien a solicitud de la AC, modificar las que hubiera establecido (art. 415.1 TRLC). De no establecerse reglas especiales de liquidación, la AC realizará los bienes y derechos de la masa activa del modo más conveniente para el interés del concurso sin más limitaciones que las establecidas en los arts. 421 a 423 *bis* TRLC.

El objetivo de la fase de liquidación es, en definitiva, la realización de los bienes y derechos del deudor para pagar las deudas a sus acreedores concursales según el orden legalmente establecido en los arts. 429 a 440 TRLC y, también, para pagar a los acreedores contra la masa conforme al art. 244 TRLC. En los arts. 432.2 y 434.2 TRLC se establece la posibilidad de adoptar determinadas medidas cautelares en relación con el pago de créditos con privilegio general y ordinarios.

f) *Sección de calificación*

La sección de calificación es una pieza procedimental en la que tiene lugar el enjuiciamiento de la conducta del deudor en torno a la generación o agravación del estado de insolvencia, al objeto de depurar, en su caso, las oportunas responsabilidades civiles. Se tramitará siempre y se abrirá cuando se ponga fin a la fase común (art. 446 TRLC). Dentro de los quince días siguientes al de la presentación del inventario y de la lista de acreedores provisionales, la AC presentará un informe razonado y documentado sobre los hechos relevantes para la calificación del concurso, con propuesta de resolución (art. 448.1 TRLC). También podrán presentar informe de calificación los acreedores identificados en el art. 449 TRLC. Si la AC solicita la calificación del concurso como fortuito y los acreedores legitimados no hubieran presentado informe de calificación, el Juez acordará el archivo de la sección sin más trámites y sin posibilidad de recurso (art. 450.6 TRLC). En cambio, si en alguno de los informes emitidos se hubiera solicitado la calificación del concurso como culpable, se dará audiencia al deudor, a las personas que pudiera resultar afectadas por la calificación y a los cómplices, para que comparezcan y formulen alegaciones (art. 450 TRLC). Si se formulase oposición a la calificación culpable, entonces se seguirían los trámites del incidente concursal para su resolución y, si no hubiera oposición, el Juez dictará sentencia como estime procedente en derecho (art. 451 TRLC).

g) *Conclusión y reapertura*

El concurso puede concluir por diferentes causas, que son objeto de regulación pormenorizada en los arts. 465 y ss. TRLC. A la conclusión del concurso, la AC tendrá que presentar el informe de rendición de cuentas (art. 478 TRLC). También hay casos en los que, si bien se ha declarado la conclusión del concurso, puede tener lugar la reapertura del mismo si concurren los requisitos establecidos en los arts. 503 a 507 TRLC.

h) *Incidente concursal*

El incidente concursal es un procedimiento declarativo especial a través del cual se ventilan todas las cuestiones que se susciten durante el concurso y que no tengan señalada en la ley otra tramitación distinta (art. 532.1 TRLC). De esta manera, se habilita al Juez con un vehículo procesal para poder dirimir, con suficientes garantías, todas las controversias, de muy distinta índole, que pueden promoverse mientras dura el proceso concursal[26].

Será parte actora la que inste el incidente, mientras que será demandada aquella contra la que se dirija la pretensión ejercitada en la demanda incidental. La tramitación, en esencia, se lleva a cabo por los cauces del juicio verbal regulado en la LEC con determinadas particularidades recogidas en el texto concursal, que lo conforman finalmente como un híbrido entre el juicio ordinario y el verbal. Entre otras, esas particularidades consisten en que las partes propondrán los medios de prueba en los escritos rectores de demanda y contestación; que el Juez podrá inadmitir la demanda si la cuestión sometida a debate es impertinente o carece de la entidad necesaria para tramitar por la vía incidental; que las cuestiones procesales que planteen las partes se resolverán por escrito con carácter previo a la celebración de la vista; y que la vista no se celebrará en determinados supuestos. El incidente se resolverá por sentencia que producirá efectos de cosa juzgada y será impugnable mediante recurso de apelación.

A efectos meramente ejemplificativos, alguno de los incidentes regulados de manera expresa en el TRLC son los siguientes: recusación de la AC (art. 74.2), compensación de créditos (art. 153.3), resolución de contratos (arts. 162 y

---

26. GÓMEZ SOLER, E., *El incidente concursal*, Wolters Kluwer, Madrid, 2016, p. 461.

165.3), acción rescisoria (art. 234), acción de separación (art. 239.2), pago de créditos contra la masa (art. 247), impugnación del inventario y/o del listado de acreedores (art. 300), oposición a la aprobación judicial del convenio (art. 386), incumplimiento del convenio (art. 403.2), oposición a la calificación del concurso (art. 451.1), u oposición a la conclusión del concurso (art. 469.1). Sin embargo, que no esté previsto expresamente un incidente concursal para resolver determinada controversia que pueda surgir en el seno del concurso no impide que no pueda tramitarse por ese cauce, pues en unos casos esas controversias tienen un tratamiento específico en el TRLC, pero en otros casos no.

4.5. Preconcurso

a) Comunicación de inicio de negociaciones

El deudor en situación de probabilidad de insolvencia, de insolvencia actual o de insolvencia inminente, puede evitar solicitar la declaración judicial de concurso comunicando al Juzgado que se encuentra en negociaciones con sus acreedores, o que tiene la intención de iniciarlas de inmediato, para alcanzar un plan de reestructuración que le permita superar la situación en que se encuentra (art. 585 TRLC).

Los efectos que se producen como consecuencia de presentar la comunicación de apertura de negociaciones con los acreedores se regulan en los arts. 594 a 610 TRLC). Entre otros, no permitirá que se admitan a trámite solicitudes de declaración de concurso necesario posteriores a la presentación de la comunicación (art. 601.1 TRLC). Ahora bien, en el art. 610.3 TRLC se prevé la posibilidad de adoptar medidas cautelares en relación con las solicitudes de declaración de concurso presentadas por otros legitimados distintos del deudor después de la comunicación de la apertura de negociaciones.

Según establece el art. 588 TRLC, si el LAJ estima que el Juzgado es competente y que la comunicación cumple con todos los requisitos formales, dictará decreto teniéndola por efectuada, con el contenido descrito en el art. 590 TRLC. Pese a todo, el deudor que, dentro del plazo legal previsto (en general, tres meses desde la comunicación), no hubiera alcanzado un plan de reestructuración con sus acreedores, queda obligado a solicitar la declaración en concurso dentro del mes siguiente (art. 611 TRLC).

b) Planes de reestructuración

El plan de reestructuración es un acuerdo entre el deudor y sus acreedores que tiene por objeto la modificación de la composición, de las condiciones o de la estructura del activo y del pasivo del deudor, o de sus fondos propios, incluidas las transmisiones de activos, unidades productivas o de la totalidad de la empresa en funcionamiento, así como cualquier otro cambio operativo necesario, o una combinación de estos elementos (art. 614 TRLC).

Su contenido mínimo se establece en el art. 633 TRLC. Se requerirá que los planes de reestructuración sean homologados judicialmente en los casos descritos en el art. 635 TRLC. El Juez competente para conocer de la solicitud de la homologación judicial del plan será aquel que fuera competente para conocer de la declaración judicial del concurso (art. 641 TRLC). El procedimiento de homologación se regula en los arts. 641 a 652 TRLC. Esencialmente consiste en la presentación de la solicitud en los términos indicados en el art. 643 TRLC. En caso de que el Juzgado sea competente para conocer de la misma y se cumplan los requisitos formales y materiales indicados en la ley, dictará auto de homologación. Es decir, la intervención judicial durante la homologación del plan de reestructuración se reduce a lo imprescindible. Ahora bien, ese auto puede ser impugnado de acuerdo con las particulares reglas recogidas en los arts. 653 a 663 TRLC.

4.6. Procedimiento especial para microempresas

a) *Solicitud, negociación y apertura del procedimiento especial*

El ámbito de aplicación del procedimiento especial para microempresas se recoge en el art. 685 TRLC. Va dirigido a personas naturales o jurídicas que lleven a cabo una actividad empresarial o profesional y hayan empleado durante el año anterior a la solicitud de concurso una media de menos de diez trabajadores y tengan un volumen de negocio anual inferior a 700.000 euros o un pasivo inferior a 350.000 euros según las últimas cuentas cerradas en el ejercicio anterior a la presentación de la solicitud (art. 685.1 TRLC).

La solicitud de apertura de procedimiento especial para microempresas puede presentarse por el deudor o por un acreedor u otro sujeto legitimado (arts. 691.1, 691 *ter* y 691 *quinquies* TRLC). Tras la solicitud se contempla un período no prorrogable de tres meses para negociar un acuerdo que permita formalizar un plan de continuación o llevar a cabo la liquidación con transmisión de la empresa en funcionamiento (art. 690 TRLC). Transcurrido dicho plazo sin que se alcance un acuerdo sobre el plan de continuación o la enajenación de la empresa, el deudor dispone de cinco días para solicitar la apertura del procedimiento especial (art. 690.7 TRLC).

La apertura del procedimiento especial se declarará mediante auto. El art. 693.1 TRLC determina que el deudor o los acreedores u otros sujetos legitimados podrán optar entre tramitar el procedimiento especial para microempresas como un procedimiento de continuación (arts. 697 a 704 TRLC) o como un procedimiento de liquidación (arts. 705 a

720 TRLC), sin perjuicio de la posibilidad solicitar la conversión de uno a otro más adelante si se dan los requisitos previstos en el art. 693 TRLC.

b) Procedimiento de continuación

El procedimiento de continuación se basa en la existencia de un plan de continuación presentado por el deudor o por los acreedores. El contenido mínimo del plan de continuación se establece en el art. 697 *ter* TRLC y el procedimiento para su tramitación y votación en los arts. 697 *bis* y 697 *quinquies* TRLC.

En el caso de que el plan de continuación sea aprobado, el deudor o los acreedores de créditos afectados por el plan podrán solicitar su homologación judicial de acuerdo con los requisitos y con los efectos previstos en los arts. 698 y ss. TRLC.

El cumplimiento del plan de continuación se declarará por el Juez mediante auto. Se presumirá cumplido pasados treinta días naturales de la fecha límite para realizar el último pago previsto en el mismo si ningún acreedor hubiera interesado la declaración de incumplimiento (art. 699 TRLC).

Cuando se produzca la falta de aprobación del plan de continuación, el rechazo de la homologación judicial, la estimación de la impugnación de la homologación por la Audiencia Provincial o su incumplimiento, se considerará que el plan de continuación se ha frustrado y el Juez procederá en esos cuatro casos a la apertura del procedimiento especial de liquidación mediante auto (art. 699 *bis*.1 TRLC). Ese auto podrá ser impugnado por el deudor alegando que no se encuentra en situación de insolvencia actual (art. 699 *bis*.6 TRLC). El art. 699 *bis*.7 TRLC establece la carencia de efectos suspensivos de la impugnación, sin perjuicio de las medidas cautelares que el Juez considere oportunas.

c) Procedimiento de liquidación

En cuanto a la otra vía del procedimiento especial para microempresas, el procedimiento de liquidación, procede su apertura en los supuestos recogidos en el art. 705.1 TRLC. Hay previsto un trámite para impugnar la determinación del pasivo y el activo incluido por el deudor en su solicitud de apertura del procedimiento (art. 706 TRLC). Dicho trámite cuenta con una serie de plazos y actos para efectuar alegaciones, tras los cuales el Juez resolverá lo procedente. El procedimiento especial de liquidación se basa en un plan de liquidación. Su tramitación se encuentra regulada en el art. 707 TRLC.

Las operaciones de liquidación se llevarán a cabo por el propio deudor o por la AC si hubiera sido designada. Para la realización de los bienes y derechos de la masa habrá que atender a los términos establecidos del TRLC y a lo previsto en el plan de liquidación. Hay que destacar, entre otras cuestiones, que el plazo máximo para finalizar la liquidación es de tres meses, prorrogables solo un mes más (art. 708.4 TRLC) o que se otorga una importancia capital a la plataforma electrónica de liquidación (art. 708.3 TRLC).

d) Calificación abreviada y conclusión

Se incluye un capítulo dentro de la regulación del procedimiento especial para microempresas destinado a la calificación, a la que se le añade el calificativo de «abreviada» (arts. 716 a 718 TRLC). En general, se aplica la regulación del concurso de acreedores, con las diferencias previstas expresas en el régimen normativo referido.

La conclusión del procedimiento especial para microempresas procede en los supuestos regulados en el art. 720 TRLC.

4.7. *Normas de derecho internacional privado*

El libro cuarto del TRLC, denominado «De las normas de derecho internacional privado», regula en sus arts. 723 a 755 TRLC la materia que afecta a procedimientos concursales con elementos internacionales, siempre y cuando no resulte de aplicación preferente las normas comunitarias, en especial el Reglamento (UE) 2015/848 del Parlamento Europeo y del Consejo, de 20 de mayo de 2015, sobre procedimientos de insolvencia.

En concreto, el art. 748 TRLC regula el régimen de tutela cautelar internacional cuando se haya incoado un procedimiento principal de insolvencia en el extranjero.

II. LAS MEDIDAS CAUTELARES EN EL PROCESO CIVIL

1. Introducción

Como ya he anticipado al inicio de la obra, la tutela judicial no es tal sin permitir la existencia de medidas cautelares adecuadas que aseguren el efectivo cumplimiento de la resolución definitiva que recaiga en el proceso (STC 10 febrero 1992) y aunque el término «medidas cautelares» no se mencione expresamente en el art. 24 CE, el derecho a la tutela cautelar forma parte del contenido esencial del derecho a la tutela judicial efectiva. Por ello, se obliga al legislador a que establezca la posibilidad de que los órganos judiciales puedan adoptar medidas cautelares tendentes a evitar que un posible fallo favorable a la pretensión deducida quede, en contra de lo dispuesto en el art. 24.1 CE, desprovisto de eficacia por la conservación o consolidación irreversible de situaciones contrarias al derecho o interés reconocido por el órgano jurisdiccional en su momento (STC 17 febrero 1992).

En el proceso civil, el derecho a la tutela cautelar se satisface mediante el dictado de una resolución judicial motivada en la que, tras el análisis de los presupuestos exigidos legalmente, la audiencia a las partes, la práctica de las pruebas pertinentes y, en su caso, la celebración de vista, determine o no la necesidad de proteger los bienes jurídicos en conflicto con la pendencia del procedimiento principal.

La regulación la tutela cautelar en el proceso civil se encuentra en el título VI del libro tercero de la LEC (arts. 721 a 747).

2. Concepto y características

Según la definición dada en la LEC a través de diversos preceptos, las medidas cautelares serían cualquier actuación del órgano judicial, adoptada a instancia de parte con carácter temporal, provisional, condicionada y susceptible de modificación y alzamiento, tras justificar el solicitante los presupuestos legalmente exigidos (peligro en la demora, apariencia de buena y prestación de caución) que tiene como finalidad asegurar la efectividad de la tutela judicial que pudiera otorgase en la sentencia estimatoria que se dictase[27].

La característica principal que define a las medidas cautelares es la instrumentalidad, en el bien entendido de que la tutela cautelar no constituye una finalidad en sí misma, sino que se halla necesariamente vinculada a la sentencia que decida el proceso principal por la función de asegurar su efectividad práctica (art. 726.1.1ª LEC)[28]. Por ello, la tutela cautelar solo puede concederse estando pendiente de un

27. ARMENTA DEU, T., *Lecciones de Derecho procesal civil*, Marcial Pons, Madrid, 2023, p. 506.
28. ORTELLS RAMOS, M. en *Derecho Procesal Civil* (Dir. ORTELLS RAMOS, M.), Aranzadi, Pamplona, 2018, pp. 715-176.

proceso principal, de modo que, una vez concedida esa tutela cautelar, se extinguirá cuando el pleito termine (arts.
731.1 y 745 LEC).

Otra de las características de las medidas cautelares es la
rogación de parte (art. 721 LEC). Es decir, no podrán ser
acordadas de oficio por el tribunal, sin perjuicio de lo que se
disponga para los procesos especiales regulados en la LEC y
para lo previsto en el art. 721.3 LEC.

También cabe hacer mención a la proporcionalidad como característica, en el sentido de que siempre hay que
buscar los menores perjuicios para el afectado y que la medida no sea susceptible de sustitución por otra medida
igualmente eficaz, pero menos gravosa o perjudicial (art.
726.1.2ª LEC).

Y, por último, la provisionalidad, ya que toda medida
cautelar es provisional, pues no durará más de lo que dure
el proceso principal del que es instrumental (art. 726.2 LEC).

3. Presupuestos

Los presupuestos para adoptar una medida cautelar son
los indicados en el art. 728 LEC: peligro por la mora procesal, apariencia de buen derecho y caución.

Por un lado, el peligro por la mora procesal (o *periculum
in mora*), causa y fundamento de las medidas cautelares. Este presupuesto lo constituye la justificación de que, por el
transcurso del tiempo durante la pendencia del proceso,
existen riesgos que pueden impedir o dificultar la efectividad de la tutela que pudiere otorgarse en una eventual sentencia estimatoria (art. 728.1 LEC).

Se excluye la posibilidad de instar medidas cautelares si
con ellas se pretenden alterar situaciones de hecho consentidas por el solicitante durante un tiempo prologado, salvo
que este justifique cumplidamente las razones por las cuales
dichas medidas no se han solicitado hasta entonces.

De todos modos, la justificación de este presupuesto no equivale a prueba o acreditación, sino que debe interpretarse de manera flexible y no rigurosa, en el sentido de no exigir al solicitante de la medida cautelar una prueba cierta y demostrativa. Lo que se requiere es aportar una mera evidencia de una situación de riesgo durante la pendencia del proceso por la que razonablemente pudiera quedar amenazada la efectividad de una futura sentencia. Se trata, por tanto, de un riesgo futuro y previsible desde un punto de vista racional.

Por otro lado, la apariencia de buen derecho (o *fumus boni iuris*) implica que el solicitante ha de presentar, con su escrito, los datos, argumentos y justificaciones documentales que conduzcan a fundar un juicio provisional e indiciario favorable al fundamento de su pretensión, pero sin prejuzgar el fondo del asunto (at. 728.2 LEC).

Es una justificación suficiente que revele, de modo indiciario, que lo más probable es que el derecho ejercitado en el litigio principal vaya a merecer un juicio favorable. No se trata de prejuzgar, pero sí de constatar que la pretensión de la parte solicitante tiene el grado de solidez necesario para justificar la concesión de la tutela cautelar. Una razonable perspectiva de éxito. Por tanto, es un juicio de valor que se emite en el estado inicial de proceso y que exige verificar la verosimilitud de la acción ejercitada, pero que en modo alguno podrá influir en la decisión definitiva.

Ahora bien, la intensidad de la justificación del éxito de la pretensión ha de ser proporcional a la índole, características y, en especial, al alcance de las medidas solicitadas.

Por último, el solicitante de las medidas cautelares debe prestar caución suficiente para responder, de manera rápida y efectiva, de los daños y perjuicios que la adopción de la medida cautelar pudiera causar al patrimonio del demandado (art. 728.3 LEC). Con el término caución, en sentido amplio, se designa cualquier garantía de contenido económico constituida para asegurar una obligación pecuniaria.

El tribunal determinará la caución atendiendo a la naturaleza y contenido de la pretensión y a la valoración que realice sobre el fundamento de la solicitud de la medida, y el importe al que pudieran alcanzar los eventuales daños y perjuicios que se irroguen. En cualquier caso, el ofrecimiento de esta garantía constituye un requisito imprescindible de la solicitud y concesión de medidas cautelares.

4. Clases de medidas

Las medidas cautelares en el proceso civil pueden clasificarse en medidas cautelares innominadas (arts. 726 y 727.11ª LEC) y específicas (arts. 727.1ª a 727.10ª LEC).

Las medidas cautelares innominadas son aquellas medidas, distintas de las previstas expresamente en los arts. 727.1ª a 727.10ª LEC, que, para la protección de ciertos derechos, prevean expresamente las leyes de aplicación o que se estimen necesarias para asegurar la efectividad de la tutela judicial que pudiere otorgarse en la sentencia estimatoria que recayere en el juicio.

Las medidas cautelares específicas se relacionan en el art. 727 LEC. En primer lugar, el embargo preventivo. La finalidad de esta medida es afectar bienes del demandado para evitar que devenga insolvente durante el curso del proceso judicial, de manera que, en caso de obtener una sentencia estimatoria, la condena pueda hacerse efectiva mediante esos bienes embargados.

En segundo lugar, la intervención o administración judicial. Con esta medida se busca el aseguramiento de una condena a entregar bienes productivos, como puede ser una empresa en funcionamiento. Se pretende que, mientras dure el proceso, el bien en cuestión siga siendo productivo y no se devalúe, so pena de frustrar los legítimos intereses del demandante al recibirlos en caso de obtener una sentencia estimatoria. Se lleva a la práctica mediante el nombramiento de un interventor o administrador judicial para controlar el bien productivo en cuestión. El alcance y contenido de su actuación serán determinados judicialmente en el auto que adopte la cautelar.

En tercer lugar, el depósito de cosa mueble. Se emplea cuando la demanda pretende la condena a entregar esa cosa y esta se encuentre en posesión del demandado. Se busca impedir que la cosa salga del patrimonio del demandado y la entrega resulte inviable.

En cuarto lugar, la formación de inventario de bienes. Normalmente se adopta cuando, para ejecutar una sentencia, puede resultar relevante o necesario disponer de información inventariada sobre determinados bienes del demandado.

En quinto lugar, la anotación preventiva de demanda. Esta medida se reserva a aquellos supuestos en los que la demanda se refiere a bienes o derechos susceptibles de inscripción en registros públicos (p.ej., Registro de la Propiedad o Registro de Bienes Muebles). La anotación preventiva en el correspondiente asiento registral neutralizará la buena fe registral, impidiendo la transmisión de esos bienes de manera irreivindicable frente al nuevo propietario. De esta manera, todo tercero puede conocer que, sobre determinado bien o derecho, existe una contienda por la cual se ha inscrito una anotación preventiva de demanda.

En sexto lugar, otras anotaciones registrales. Dependerá del caso concreto valorar si una anotación registral, distinta de la anotación preventiva de demanda, puede resultar útil para los fines de una eventual ejecución.

En séptimo lugar, la orden judicial de cesar provisionalmente en una actividad; la de abstenerse temporalmente de llevar a cabo una conducta; o la prohibición temporal de interrumpir o de cesar en la realización de una prestación que viniera llevándose a cabo. Sirven para impedir que una condena de hacer o no hacer haya sido ya realizada o dejada de realizar por el demandado para cuando se dicte la sentencia.

En octavo lugar, la intervención y depósito de ingresos obtenidos mediante una actividad que se considere ilícita y cuya prohibición o cesación se pretenda en la demanda, así como la consignación o depósito de las cantidades que se reclamen en concepto de remuneración de la propiedad intelectual. El objetivo perseguido con esta medida es que, si el demandado es condenado en materia de propiedad intelectual, pueda responder de las condenas pecuniarias que se le impongan en sentencia.

En noveno lugar, el depósito temporal de ejemplares de las obras u objetos que se reputen producidos con infracción de las normas sobre propiedad intelectual e industrial, así como el depósito del material empleado para su producción. Se pretende evitar que, mientras dure el proceso, se produzcan o se comercialicen obras u objetos que puedan vulnerar derechos de propiedad industrial o intelectual.

Y, en décimo lugar, la suspensión de acuerdos sociales impugnados. Se aplica en procedimiento de impugnación de acuerdos sociales para que los acuerdos impugnados no surtan efecto hasta el dictado de la sentencia que los confirme o deje sin efecto.

También se distinguen medidas cautelares en función de si tienen una finalidad aseguratoria de la efectividad de la sentencia, o si su contenido es similar al previsto en el suplico de la demanda, esto es anticipatorias (AJM 1 Barcelona 13 febrero 2006)[29]. Las primeras son medidas que tienden a asegurar la efectividad de la tutela judicial que pudiere otorgarse en una eventual sentencia estimatoria y proceden siempre que no sean susceptibles de sustitución por otra medida igualmente eficaz, pero menos gravosa y perjudicial para el demandado; mientras que las segundas habilitan al Juez para dictar órdenes y prohibiciones de contenido simi-

---

29. Armenta Deu, T., ob. cit., pp. 506-507.

lar a lo que se pretende en el proceso, pero sin prejuzgar la sentencia que en definitiva se dicte (AAP Tenerife 15 septiembre 2006).

5. Procedimiento

5.1. Competencia

Para las medidas cautelares contenidas en la demanda será competente el Juzgado que esté conociendo del proceso principal (art. 723.1 LEC). La misma regla se aplicará para las medidas cautelares solicitadas con posterioridad a la presentación de la demanda.

Para aquellas medidas solicitadas con anterioridad a la demanda principal, será competente para su conocimiento el Juzgado que vaya a conocer de esa demanda principal cuando sea interpuesta (art. 723.1 LEC).

Para conocer de las solicitudes relativas a medidas cautelares que se formulen durante la sustanciación de la segunda instancia o de un recurso de casación, será competente el tribunal que conozca de la segunda instancia o de dicho recurso de casación (art. 723.2 LEC).

5.2. Momento para solicitar las medidas cautelares

La regla general es la de solicitar las medidas cautelares junto con la demanda principal (art. 730.1 LEC).

No obstante, también podrán solicitarse medidas cautelares antes de la demanda si se alegan y acreditan razones de urgencia o necesidad, con la condición adicional de interponer la demanda principal en el plazo de los veinte días siguientes a la adopción de las cautelares (art. 730.2 LEC).

Así mismo, también cabe adoptar medidas con posterioridad a la presentación de la demanda o pendiente recurso, siempre y cuando la petición se base en hechos y circunstancias que justifiquen la solicitud en esos momentos (art. 730.4 LEC), como, p.ej., en la obtención del beneficio a la justicia gratuita del demandado tras haber formulado la demanda[30].

5.3. Solicitud

La adopción de medidas cautelares se acuerda, con carácter ampliamente general, a instancia de parte. Se realizará por escrito y se exige claridad y precisión, así como justificar cumplidamente la concurrencia de los presupuestos legalmente exigidos (art. 732.1 LEC).

A la vista de la experiencia en la práctica judicial, es aconsejable seguir, con ciertas salvedades, el mismo esquema formal de la demanda (art. 399 LEC) al de la solicitud de medidas cautelares. Es decir, dicha solicitud deberá tener un encabezamiento (salvo que se haga junto con la demanda principal, entonces normalmente se incluirá en un otrosí digo), un apartado de hechos (en el que, entre otros, deberán incluirse cuatro epígrafes dedicados al peligro en la demora, a la apariencia de buen derecho, al ofrecimiento de caución y a la identificación de la medida cautelar solicitada), un apartado de fundamentación jurídica y el suplico.

Al margen de la prueba documental, o en su caso pericial, que se acompañe al escrito de solicitud de medidas cautelares, también se pueden proponer en el propio escrito otros medios de prueba pertinentes para acreditar los presupuestos que autorizan la adopción de medidas cautelares (art. 732.2 LEC).

---

30. LÓPEZ GARCÍA, P., «El beneficio de la justicia gratuita del demandado como fundamento del peligro en la demora de la medida cautelar», *Actualidad Civil*, 12, 2020 [en línea] https://laleydigital.laleynext.es [consulta: 13/03/2024].

5.4. Tramitación sin audiencia del demandado

Aunque, como regla general, la adopción de una medida cautelar requiere la previa audiencia de la parte demandada, el art. 733 LEC admite que, excepcionalmente, pueda acordarse sin dicha audiencia (*inaudita parte*), cuando concurran razones de urgencia o cuando la audiencia previa pudiera comprometer el buen fin de la medida y así se exponga en la solicitud de medidas.

El auto que acuerde medidas cautelares *inaudita parte* no es susceptible de recurso, pero el demandado sí tiene la posibilidad de oponerse posteriormente (art. 733.2 LEC). De tal manera, la adopción de la medida sin audiencia del afectado no supone privarle de garantías a este porque se respeta igualmente la efectividad del principio de contradicción al permitirle oponerse posteriormente a la cautela acordada. Para ello, el demandado dispone de veinte días para formular oposición (art. 739 LEC). El incidente de oposición se regula en los arts. 740 a 742 LEC. Básicamente consiste en la presentación del escrito de oposición, del cual se dará traslado al solicitante, citándole a una vista, en la que se realizarán las alegaciones oportunas y se practicará la prueba propuesta y admitida. Finalmente se dictará auto resolviendo la oposición, manteniendo las medidas o alzándolas. Dicho auto es recurrible directamente en apelación ante la Audiencia Provincial.

5.5. Tramitación con audiencia del demandado

Para el resto de supuestos, tras recibir la solicitud de medidas, el LAJ convocará a las partes a una vista (art. 734.1 LEC), en la que se llevaran a cabo los actos de alegación (especialmente del demandado, que contestara oralmente a la solicitud en la vista) y la práctica de la prueba. Terminada la vista, el Juez resolverá por auto, el cual podrá adoptar las medidas cautelares (art. 735 LEC) o rechazarlas (art. 736 LEC). En ambos casos cabrá recurso de apelación contra el auto. En cambio, contra el auto que resuelva las apelaciones no cabe recurso de casación (art. 477.1 LEC).

6. Ejecución

Una vez dictado el auto que adopta una medida cautelar, hay título ejecutivo para su ejecución (art. 738 LEC). En concreto, una vez prestada la caución que se haya exigido por el tribunal, se iniciará la ejecución de manera inmediata, sin necesidad de instancia de parte y sin que haga falta esperar el plazo de veinte días del art. 549.2 LEC. A partir de ahí, la LEC regula una serie de especialidades para la ejecución de determinadas medidas cautelares[31].

7. Sustitución, modificación y alzamiento

Por un lado, el art. 746.1 LEC permite al afectado por la medida cautelar la posibilidad de instar la sustitución de la misma prestando una caución suficiente, a juicio del tribunal, para asegurar el efectivo cumplimiento de la sentencia estimatoria que pueda dictarse. Para ello, el Juez resolverá sobre la base de los criterios establecidos en el art. 746.2 LEC: el fundamento de la solicitud de medidas cautelares y la apariencia jurídica favorable que pueda presentar la posición del demandado; la naturaleza y contenido de la pretensión de condena; y los efectos que podría provocar en la actividad patrimonial o económica del demandado.

Por otro lado, las medidas cautelares podrán ser modificadas alegando y probando hechos y circunstancias que no

---

31. ARMENTA DEU, T., ob. cit., p. 516.

pudieron tenerse en cuenta al tiempo de su concesión o dentro del plazo para oponerse a ellas (art. 743 LEC). Para ello, deberá seguirse la tramitación con arreglo a la solicitud de medidas cautelares con audiencia del demandado (arts. 734 y ss. LEC).

Por último, para el alzamiento se distingue según se produzca tras sentencia no firme o tras sentencia firme (arts. 744 y 745 LEC). En el primer caso, si la sentencia es íntegramente estimatoria, en principio las medidas se mantendrán; si es estimatoria parcial, será el tribunal quien dedicada tras dar audiencia a las partes; y si es desestimatoria, se ordenará el inmediato alzamiento de las medidas, salvo que el recurrente solicite su mantenimiento para lo cual, se dará traslado a la parte contraria y el tribunal resolverá lo procedente (art. 745 LEC). En el segundo supuesto, se alzarán de oficio por el LAJ todas las medidas cautelares adoptadas (art. 746 LEC).

CAPÍTULO DOS
LAS MEDIDAS CAUTELARES REGULADAS EN EL TEXTO REFUNDIDO DE LA LEY CONCURSAL

Una vez realizado el ejercicio introductorio en el capítulo anterior sobre los aspectos generales del proceso concursal y de las medidas cautelares en el proceso civil, el objeto de estudio en el presente capítulo serán las disposiciones específicas en materia de medidas cautelares establecidas en el TRLC y en la LORC, a fin de identificarlas y exponer su regulación normativa, aclarar su tramitación procesal y determinar el régimen de recursos que les corresponde.

En concreto, las disposiciones sobre medidas cautelares recogidas expresamente en el TRLC son las siguientes:

— Medidas cautelares anteriores a la declaración del concurso necesario (art. 18 TRLC).
— Medidas cautelares en el auto de declaración de concurso (art. 28.3 TRLC).
— Embargo de bienes en los concursos de persona jurídica (art. 133 TRLC).
— Medidas cautelares en casos especiales de reconocimiento de créditos. (art. 261.5 TRLC).
— Medidas cautelares en orden a la modificación de la lista definitiva de acreedores (art. 313 TRLC).
— Medidas cautelares en el trámite de oposición al convenio (art. 387 TRLC).

— Medidas cautelares en relación con el pago de créditos con privilegio general y ordinarios (arts. 432.2 y 434.2 TRLC).
— Medidas cautelares a solicitud de jueces o tribunales del orden jurisdiccional penal (art. 520 TRLC).
— Medidas cautelares al formularse solicitudes de concurso por otros legitimados distintos del deudor después de la comunicación de la apertura de negociaciones (art. 610.3 TRLC).
— Medidas cautelares al impugnarse el auto de apertura de la liquidación en los supuestos de frustración del plan de continuación (art. 699 *bis*.7 TRLC).
— Medidas cautelares adoptadas relacionadas con un procedimiento concursal extranjero (art. 748 TRLC).
— Medidas restrictivas de derechos fundamentales (arts. 105 y 1 LORC).

I. MEDIDAS CAUTELARES ANTERIORES A LA DECLARACIÓN DEL CONCURSO NECESARIO

1. Regulación

El art. 18.1 TRLC contiene una previsión normativa sobre la adopción de medidas cautelares antes de declararse el concurso necesario: «A petición del legitimado para instar el concurso necesario, el juez, al admitir a trámite la solicitud, podrá adoptar, de conformidad con lo previsto en la Ley 1/2000, de 7 de enero, de Enjuiciamiento Civil, las medidas cautelares que considere necesarias para asegurar la integridad del patrimonio del deudor».

Su finalidad es asegurar la integridad del patrimonio del deudor antes de acordarse judicialmente su declaración en concurso[32].

2. Tramitación procesal

El art. 18.1 TRLC establece que el Juez adoptará la medida cautelar de conformidad con lo previsto en la LEC. Es una precisión no exenta de polémica, toda vez que puede ser complicado armonizar ambas normativas (LEC y TRLC) en relación con las medidas cautelares, dadas las notables diferencias entre el esquema procedimental del proceso declarativo común regulado en la LEC y el del proceso concursal del TRLC[33].

El legitimado para solicitar la adopción de estas medidas será aquel tercero que también lo esté para instar el concurso necesario. Y deberá solicitar las medidas cautelares de manera simultánea a la petición de concurso necesario (AAP Baleares 16 septiembre 2008)[34].

Entiendo que el propio deudor no puede solicitar la adopción de medidas cautelares previas a la declaración del concurso voluntario al amparo de este precepto (AAP Madrid 13

---

32. GONZÁLEZ GARCÍA, J.M., ob. cit., p. 280; y SORIANO GUZMÁN, F.J., en *Comentarios al articulado del Texto Refundido de la Ley Concursal* (Dir. PEINADO GRACIA, J.I. y SANJUÁN MUÑOZ, E.), Sepín, Madrid, 2020, t. I, p. 206.
33. ARIZA COLMENAREJO, M.J., «Medidas cautelares en el proceso de declaración y otras medidas del procedimiento concursal», en *Tratado de Derecho Mercantil, Vol. 7: Derecho Procesal Concursal* (Dir. OLIVENCIA RUIZ, M., FERNÁNDEZ-NOVOA RODRÍGUEZ, C. y JIMÉNEZ DE PARGA CABRERA, R.), Marcial Pons, Madrid, 2008, pp. 382-383.
34. CALDERÓN CUADRADO, M.P., en *Comentario de la Ley Concursal* (Dir. ROJO FERNÁNDEZ-RIO, Á. y BELTRÁN SÁNCHEZ, E.), Civitas, Madrid, 2004, t. I, p. 407; y ETXARANDIO HERRERA, E.J., *Manual de Derecho Concursal*, La Ley, Madrid, 2009, p. 225.

febrero 2015)[35]. Si el art. 18 TRLC no prevé tal posibilidad es porque, directamente, no se puede, sin que quepa acudir supletoriamente a la legislación procesal común, dado que, en puridad, no existe vacío legal que suplir. Lo que debería hacerse en los casos de concurso voluntario es resolver primero la solicitud de concurso (art. 10.1 TRLC) y acordar en esa resolución, pero en virtud del art. 28.3 TRLC, las medidas cautelares que resulten pertinentes[36].

El precepto no enumera una lista cerrada de medidas cautelares a adoptar, por lo que podrán acordarse aquellas que sirvan a la finalidad prevista y cumplan las características y presupuestos exigidos. Posiblemente las más adecuadas a tal finalidad sean el embargo preventivo de bienes (art. 727.1ª LEC) y el depósito (art. 727.3ª LEC), aunque no puedan descartarse otras como la formación de inventarios de bienes (art. 727.4ª LEC) o la intervención judicial (art. 727.2ª LEC) —como en algún caso sucedió antes de la Ley 16/2022 para dar cauce procesal a la figura del *pre-pack administration* (AJM 2 Málaga 15 febrero 2021; en contra: AJM 10 Barcelona 29 julio 2020)—.

El procedimiento regulado en el art. 18 TRLC es aparentemente sencillo. Primero, la petición por escrito del legitimado. Y, después, sin más trámites, la decisión del Juez al admitir la solicitud de concurso, bien en esa misma resolución (AJM 2 Madrid 14 junio 2013[37]) o en otra aparte. Aun-

---

35. A favor: GUERRERO PALOMARES, S., ob. cit., p. 132. En contra: HUALDE LÓPEZ, I., ob. cit., pp. 266-267.
36. SÁNCHEZ MAGRO, A., en *Comentarios al articulado del Texto Refundido de la Ley Concursal* (Dir. PEINADO GRACIA, J.I. y SANJUÁN MUÑOZ, E.), Sepín, Madrid, 2020, t. I, pp. 262-263.
37. En esta resolución judicial se diferencia acertadamente en la instrucción de recursos los distintos medios de impugnación a ejercitar en función del pronunciamiento que se quiera combatir: la declaración del concurso, el resto de los pronunciamientos del auto o las medidas cautelares.

que no será lo habitual, estas medidas cautelares también pueden solicitarse en el periodo que transcurre entre la admisión a trámite de la solicitud de concurso y el dictado del auto declarándolo (AJM 1 Bilbao 17 noviembre 2008)[38]. En fin, estaríamos ante el clásico supuesto de adopción de cautelares *inaudita parte*[39], pues raro será que se conceda previa audiencia del afectado sin riesgo de frustrar el objetivo de la tutela cautelar impetrada[40]. Precisamente, durante la tramitación parlamentaria de la LC se presentó la enmienda número 246 en el Congreso de los Diputados, finalmente rechazada, que ya advertía que, si bien la regla general en la LEC era adoptar las medidas cautelares con audiencia del interesado, en sede del anterior art. 17 LC, predecesor del vigente art. 18 TRLC, la excepción (*inaudita parte*) iba a tornarse como regla general (AJM 4 Madrid 3 enero 2006).

Lo verdaderamente complicado radica en cómo articular las posibilidades de defensa del afectado por la medida cautelar. Como es sabido, a fin de preservar el principio de contradicción, es obligatorio darle audiencia para que pueda alegar lo que considere oportuno y proponer los medios de prueba pertinentes para su defensa, colmando, así, los requisitos para otorgar una tutela judicial efectiva con proscripción de indefensión.

---

38. ORTELLS RAMOS, M., en *Las claves...* (Dir. QUINTANA CARLO, I.; BONET NAVARRO, Á. y GARCÍA-CRUCES GONZÁLEZ, J.A.), cit., p. 130.
39. GONZÁLEZ GARCÍA, J.M., ob. cit., p. 285; ORTELLS RAMOS, M., en *Las claves...* (Dir. QUINTANA CARLO, I.; BONET NAVARRO, Á. y GARCÍA-CRUCES GONZÁLEZ, J.A.), cit., p. 129; PEITEADO MARISCAL, P., *La declaración de concurso*, Civitas, Madrid, 2005, pp. 144-146; y SORIANO GUZMÁN, F.J., ob. cit., p. 209.
40. BELLIDO PENADÉS, R., *El procedimiento de declaración de concurso*, Civitas, Madrid, 2010, p. 240.

Pues bien, es una cuestión nada clara en la doctrina[41], sin que tampoco exista un cuerpo jurisprudencial uniforme que permita insinuar el sendero procesal correcto. Las alternativas existentes son las que explico a continuación.

En primer lugar, tramitar la oposición conforme a lo previsto en el art. 739 LEC para el demandado ante medidas cautelares adoptadas sin su audiencia[42].

Esto se llevaría a cabo mediante la presentación del escrito de oposición dentro del plazo de veinte días siguientes a la notificación de la resolución judicial adoptando la medida, celebrándose posteriormente la vista establecida en el art. 741.1 LEC. Sucede, no obstante, que esa regulación difícilmente puede extrapolarse de manera automática al proceso concursal. Hay dos graves problemas que lo impiden.

Uno de orden temporal. El deudor tiene cinco días para formular oposición frente a la solicitud de concurso necesario (art. 14.2.2° TRLC). Al día siguiente de presentarse la oposición, el LAJ citará a las partes a la vista que se celebrará dentro de los diez siguientes a formularse oposición (art. 21 TRLC), resolviendo el Juez finalmente dentro de los tres días siguientes a celebrarse aquella (art. 24.1 TRLC). Siguiendo estrictamente la letra de la ley, se contabilizarían diecinueve días desde la notificación de la solicitud de concurso al deudor hasta la resolución por auto de la misma. Sin embargo, el plazo concedido para la oposición a las cautelares sería superior —veinte días—, generando una disfunción de difícil entendimiento. ¿Qué sentido tendría que el legislador

41. GONZÁLEZ GARCÍA, J.M., ob. cit., p. 285; y ORTELLS RAMOS, M., en *Las claves...* (Dir. QUINTANA CARLO, I.; BONET NAVARRO, Á. y GARCÍA-CRUCES GONZÁLEZ, J.A.), ob. cit., pp. 129-130.
42. GARCÍA GARCÍA E. e IBORRA, C., «Un catálogo de medidas cautelares», *Anuario de Derecho Concursal*, 12, 2007, [en línea] https://insignis.aranzadidigital.es [consulta: 13/03/2024]; GONZÁLEZ GARCÍA, J.M., ob. cit., p. 285; y SORIANO GUZMÁN, F.J., ob. cit., p. 209.

otorgue veinte días al deudor para oponerse a la cautelar, pero prevea, a la vez, plazos más cortos para dictar el auto de declaración de concurso, que cronológicamente tiene que decidirse antes que las cautelares?[43] A mayor abundamiento, si la solicitud de concurso necesario se fundase en algunas de las causas del art. 14.2.1º TRLC, el Juez declararía el concurso el primer día hábil siguiente, por lo que apenas habría tiempo material para acordar las medidas cautelares del art. 18 TRLC.

Un segundo problema lo constituiría la duplicidad de actuaciones: un escrito de oposición y una vista para la declaración del concurso, y otro escrito de oposición y otra vista para las medidas cautelares. Además, los motivos de oposición en ambos trámites seguramente partirían de las mismas bases y fundamentos.

En definitiva, hay serios inconvenientes para establecer que la tramitación procedimental del art. 739 LEC vehiculice la oposición a la adopción de medidas cautelares *inaudita parte* del art. 18 TRLC[44].

Como segunda opción, un sector mayoritario de la doctrina propone aprovechar el trámite que otorga al deudor el art. 14.2.2º TRLC, de cinco días oponerse a solicitud de declaración del concurso necesario, para, así mismo, oponerse a la eventual medida cautelar que haya podido adoptarse[45].

---

43. ORTELLS RAMOS, M., en *Las claves...* (Dir. QUINTANA CARLO, I.; BONET NAVARRO, Á. y GARCÍA-CRUCES GONZÁLEZ, J.A.), cit., p. 130.

44. Con mayor razón si cabe cuando el Informe del Consejo General del Poder Judicial de 26 de septiembre de 2019, de evaluación del proyecto de TRLC (apartado 79), puso expresamente de manifiesto que la remisión a la LEC del art. 18.1 TRLC «lo es a la forma de adopción de la medida y contenido de la misma, no al régimen de oposición y recursos previsto en los arts. 733 y 735 LEC».

45. BELLIDO PENADÉS, R., ob. cit., pp. 240-241; GONZÁLEZ GARCÍA, J.M., ob. cit., p. 285; y LÓPEZ SÁNCHEZ, J., ob. cit., p. 155.

De esta manera se solucionarían los anteriores problemas de orden temporal y de repetición de actos procesales.

Aunque se trata de una idea adecuada, la cobertura normativa es dudosa. Se trataría de un trámite no recogido expresamente en la ley, que podría vulnerar el principio de legalidad procesal. En efecto, desde la admisión a trámite de la solicitud de concurso necesario (art. 14.2.2º TRLC) hasta su resolución por auto (art. 24.1 TRLC) no hay ninguna previsión legal para formular esa oposición a las medidas cautelares.

Por tanto, se trataría de un trámite cautelar intermedio dentro del procedimiento de declaración del concurso carente de respaldo legal. Además, ni si quiera tendría cabida cuando la solicitud de concurso necesario se fundase en las causas referidas en el art. 14.2.1º TRLC.

La última opción posible sería facultar la contradicción del deudor a través de la interposición de los recursos legalmente admisibles[46]. En concreto, impugnando la resolución judicial adoptando la medida cautelar, que se dictaría simultáneamente al admitir a trámite la solicitud de concurso necesario, mediante el recurso de reposición, sin posibilidad de apelación (art. 546 TRLC).

Tampoco este planteamiento estaría exento de inconvenientes, tales como las limitaciones existentes en materia de proposición y práctica de medios de prueba en el recurso de reposición. No se permitiría satisfacer, de acuerdo con los parámetros constitucionales, el derecho de defensa del afectado por una medida cautelar.

Por su parte, en la jurisprudencia menor también se siguen criterios dispares. Hay resoluciones que instan a la oposición por los trámites del art. 739 LEC (AJM 4 Madrid 3

---

46. Ariza Colmenarejo, M.J., ob. cit., p. 385; y Peiteado Mariscal, P., ob. cit., p. 146.

enero 2006, AJM 1 Bilbao 17 noviembre 2008 y AAP Madrid 13 febrero 2015); otras que permitían, bajo el sistema normativo previo a la Ley 16/2022, el recurso de apelación directo (AAP Cádiz 4 febrero 2010 y AJM 6 Madrid 15 junio 2017); y, por último, las que facultan la impugnación a través del recurso de reposición (AJM 1 Cádiz 13 octubre 2005).

En resumen, estamos en un escenario de grave inseguridad jurídica. Ninguna solución carece de inconvenientes. Ello debería haber llamado la atención del legislador para haber corregido esta situación, fijando de manera clara el trámite procesal para que el deudor pueda oponerse a las medidas cautelares del art. 18 TRLC.

Ahora bien, como el escenario es el que es y por alguna de las alternativas hay que decantarse, habrá que hacerlo por la menos perjudicial. De tal manera, habría que permitir al deudor oponerse a la adopción de la medida cautelar siguiendo el trámite previsto en el art. 739 LEC, debiendo el deudor, en un ejercicio adicional, extraordinario —y en realidad inexigible— de diligencia, formular la oposición a la medida cautelar conjuntamente[47] con la oposición a la declaración del concurso, dentro del plazo de cinco días establecido en el art. 14.2.2º TRLC, evitándose así una inútil duplicidad de actuaciones. Así, la vista del art. 22 TRLC se aprovecharía para ambos trámites. En otro caso, es decir, si el deudor hubiera presentado dos escritos de oposición distintos en momentos escalonados (uno para las cautelares y otro para la oposición a la declaración del concurso), lo oportuno sería que el Juzgado, acogiendo un criterio práctico de economía procesal, concentrara ambas vistas (la del art. 741.1. LEC y la del art. 22 TRLC) en una sola, tratando de corregir las disfunciones generadas por la aplicación lineal de la norma.

---

47. ORTELLS RAMOS, M., en *Las claves...* (Dir. QUINTANA CARLO, I.; BONET NAVARRO, Á. y GARCÍA-CRUCES GONZÁLEZ, J.A.), cit., p. 130.

3. Recursos

Una vez dictado el auto que resuelva sobre la oposición a la adopción de la medida cautelar, tampoco queda claro el medio de impugnación apropiado.

Podría ser el recurso de reposición si aplicásemos el TRLC[48]. No obstante, razones lógico-sistemáticas dificultarían sostener esta interpretación, pues admitir un recurso de reposición contra el auto que resuelve la oposición a unas medidas cautelares *inaudita parte* (tras la presentación de alegaciones por escrito, la celebración de la vista y el dictado de auto resolviendo la controversia) resultaría ciertamente extraño a la legislación procesal común.

La alternativa sería interponer recurso de apelación directo contra dicho auto por aplicación del art. 741.3 LEC[49], con base en la remisión establecida en el art. 18.1 TRLC. Esta opción parece la más adecuada y la que mejor acogida tiene en la jurisprudencia menor (AAP Barcelona 16 enero 2007, AJM 3 Barcelona 18 mayo 2009 y AJM 13 de Madrid 27 mayo de 2022).

II. MEDIDAS CAUTELARES EN EL AUTO DE DECLARACIÓN DE CONCURSO

1. Regulación

Según el art. 28.3 TRLC, uno de los pronunciamientos opcionales del auto de declaración del concurso es la adop-

---

48. PEITEADO MARISCAL, P., ob. cit., p. 146. Por su parte, el Informe del Consejo General del Poder Judicial de 26 de septiembre de 2019, de evaluación del proyecto de TRLC (apartado 79), manifestó que la remisión del art. 18.1 TRLC a la LEC no lo es al régimen recursos previsto en los arts. 733 y 735 LEC.

49. GONZALEZ GARCÍA, S., ob. cit.; y LÓPEZ SÁNCHEZ, J., ob. cit., p. 140.

ción de las medidas cautelares: «En el auto de declaración de concurso, el juez podrá acordar las medidas cautelares que considere necesarias para asegurar la integridad, la conservación o la administración de la masa activa hasta que el administrador o los administradores concursales acepten el cargo».

Estas medidas persiguen garantizar y salvaguardar el patrimonio del deudor desde la declaración del concurso y hasta que la AC designada acepte el cargo[50], momento en el cual la adecuada protección de su patrimonio pasará a estar supervisada por la AC (en caso de intervención de facultades) o directamente bajo su criterio (en caso de suspensión de las mismas). Se trata, por ende, de medidas de actuación en el patrimonio del deudor ya concursado que facilitan a la AC la labor que le encomienda la ley[51].

Destaca la escasa temporalidad de la medida. Teniendo en cuenta que la AC tiene un plazo de cinco días para manifestar si acepta el cargo (art. 66.1 TRLC), parece que las medidas del art. 28.3 TRLC únicamente procederían en casos de verdadera y auténtica necesidad. De hecho, adquirirían mayor sentido si la AC no aceptase el cargo por la demora que provocaría ese hecho. Pero si la AC hubiera aceptado ya su cargo, decaería la posibilidad de adoptar dichas medidas, ya que no se daría el requisito temporal previsto en el precepto (AJM 12 Barcelona 4 marzo 2022).

Por lo demás, la posibilidad de que el órgano judicial acuerde de oficio estas medidas en el auto declarando el concurso es independiente de las medidas cautelares reguladas en el art. 18 TRLC, que se adoptan antes de ese auto[52].

---

50. González García, J.M., ob. cit., p. 326; y López Sánchez, J., ob. cit., pp. 210-211.

51. Chocrón Giráldez, A.M., ob. cit.

52. González García, J.M., ob. cit., p. 281; y Hualde López, I., ob. cit., p. 319.

2. Tramitación procesal

Las medidas del art. 28.3 TRLC no se consideran como verdaderas medidas cautelares, ya que no se exige instancia de parte, no se presta caución y tampoco se adoptan para garantizar la condena de quien las padece (AAP Sevilla 20 febrero 2018)[53]. De esta manera se impide la aplicación supletoria de la LEC[54], tanto en lo referido a la tramitación procedimental, como en el régimen de recursos. Además, tampoco existe una remisión expresa a la ley procesal civil, como sí sucede en el art. 18.1 TRLC.

El procedimiento consistiría en la adopción de la medida de oficio por el Juez del concurso al dictar el auto de declaración de concurso, sin ningún trámite intermedio, ni necesidad de prestar caución o fianza[55]. No obstante, también cabría instancia del solicitante del concurso, sea este o no el deudor (AAP Madrid 30 mayo 2016; en contra, AAP Sevilla 20 febrero 2018). De hecho, siendo excepcional que el Juez adopte, *motu proprio*, estas medidas, no sería descartable que el interesado presentase un escrito para insinuar al Juez su adopción (AJM 12 Barcelona 4 marzo 2022).

Como no se consideran auténticas medidas cautelares, resulta improcedente arbitrar frente a las mismas el trámite de oposición previsto en los arts. 739 y ss. LEC. Cuando se ha hecho así, nuestros tribunales lo han calificado de «trámite extraño» (AAP Madrid 30 mayo 2016)[56].

---

53. Rojo Fernández-Rio, Á. y Tirado Martí, I., en *Comentario de la Ley Concursal* (Dir. Rojo Fernández-Rio, Á. y Beltrán Sánchez, E.), Civitas, Madrid, 2004, t. I, p. 485. En contra: Ariza Colmenarejo, M.J., ob. cit., pp. 386-387; y Hualde López, I., ob. cit., p. 321.
54. En contra: Sánchez Magro, A., ob. cit., pp. 262-263.
55. Guerrero Palomares, S., ob. cit., p. 134.
56. En contra: Hualde López, I., ob. cit., p. 329, que entiende que sí podría sustanciarse oposición cuando las medidas cautelares sean solicitadas a instancia de parte.

3. Recursos

El medio de impugnación frente a la adopción de las medidas previstas en el art. 28.3 TRLC sería únicamente el recurso de reposición, estemos ante un concurso voluntario (arts. 10.2 y 546 TRLC) o necesario (art. 25.3 TRLC)[57], tal y como ha tenido ocasión de pronunciarse la jurisprudencia menor (AAP Baleares 16 septiembre 2008, AJM 3 Barcelona 4 diciembre 2008, AJM 2 La Coruña 11 enero 2013 y AAP Madrid 13 febrero 2015). El auto resolutorio del recurso de reposición sería firme y no cabría interponer posteriormente el recurso de apelación.

Si entendiéramos que las referidas medidas del art. 28.3 LC se extinguen automáticamente con la aceptación del cargo por la AC[58], entonces, el eventual recurso que se hubiera interpuesto incurriría, desde ese momento, en una carencia sobrevenida de objeto.

III.   EMBARGO DE BIENES EN LOS CONCURSOS DE PERSONA JURÍDICA

1. Regulación

El art. 133 TRLC contiene una doble disposición encaminada a la adopción de medidas cautelares en los casos donde el deudor sea una persona jurídica. Por un lado: «Desde la declaración de concurso de persona jurídica, el juez del concurso, de oficio o a solicitud razonada de la administración concursal, podrá acordar, como medida cautelar, el embargo de bienes y derechos de los administradores o liquidadores, de derecho y

57. Ariza Colmenarejo, M.J., ob. cit., pp. 390-391; y Gonzalez García, S., ob. cit.

58. López Sánchez, J., ob. cit., p. 211.

de hecho, y directores generales de la persona jurídica concursada así como de quienes hubieran tenido esta condición dentro de los dos años anteriores a la fecha de aquella declaración, cuando de lo actuado resulte fundada la posibilidad de que en la sentencia de calificación las personas a las que afecte el embargo sean condenadas a la cobertura total o parcial del déficit en los términos previstos en esta ley».

Y, por otro, «Desde la declaración de concurso de la sociedad, el juez, de oficio o a solicitud razonada de la administración concursal, podrá ordenar, como medida cautelar, el embargo de bienes y derechos del socio o socios personalmente responsables por las deudas de la sociedad anteriores a la declaración de concurso, cuando de lo actuado resulte fundada la posibilidad de que la masa activa sea insuficiente para satisfacer todas las deudas».

El precepto busca evitar dos riesgos distintos: por un lado, la inejecución de una eventual sentencia de calificación donde se condene a los gestores de la persona jurídica; y, por otro lado, la insatisfacción de las deudas que pudieran quedar pendientes a raíz de la insuficiencia de la masa activa, por parte de socios personalmente responsables por deudas sociales anteriores a la declaración de concurso[59].

2. Tramitación procesal

El art. 133 TRLC se sujeta a determinadas características y presupuestos específicos, pero le resultan de aplicación supletoria las normas generales sobre medidas cautelares de la LEC, por mor del art. 521 TRLC, al estar, según reiterada interpretación jurisprudencial, ante una verdadera medida cautelar (AAP Barcelona 6 de febrero 2006, AAP Zaragoza 31 octubre 2007, SAP Madrid 5 febrero 2008, AAP

---

59. GUERRERO PALOMARES, S., ob. cit., p. 135.

Tarragona 17 junio 2009 y AJM 1 Las Palmas Gran Canaria 1 julio 2011)[60]. En este sentido, la doctrina ha criticado la complejidad de poder acreditar en determinados supuestos el presupuesto de la apariencia del buen derecho[61].

El trámite procedimental que debe seguirse es el propio de la legislación procesal común (arts. 721 y ss. LEC), pero con las particularidades del art. 133 TRLC, esto es: adopción de oficio o petición mediante solicitud razonada e inexistencia de caución.

Podrá adoptarse el embargo tanto con audiencia del afectado, como *inaudita parte* conforme a lo preceptuado en el art. 733.2 LEC. En este último caso se prescindirá de la audiencia al afectado por la medida, sin perjuicio de que posteriormente pueda oponerse en los términos regulados en los arts. 739 y ss. LEC, es decir, mediante la presentación del escrito de oposición, procediéndose seguidamente conforme a lo previsto en el art. 734 LEC (AAP Barcelona 17 diciembre 2009 y AJM 6 Madrid 30 marzo 2012)[62].

Por lo demás, siempre se descartó que la tramitación procedimental de la adopción de medidas cautelares del art. 133 TRLC debiera acomodarse a lo previsto para el incidente concursal, alegándose razones de especialidad y de agilidad (AAP Tarragona 2 mayo 2007 y AAP Zaragoza 31 octubre 2007).

---

60. BELTRÁN SÁNCHEZ, E., en *Comentario de la Ley Concursal* (Dir. ROJO FERNÁNDEZ-RIO, Á. y BELTRÁN SÁNCHEZ, E.), Civitas, Madrid, 2004, t. I, p. 977; BLASCO GASCÓ, F.P., «El embargo de bienes de los administradores en el concurso», *Anuario de Derecho Concursal*, 14, 2008, [en línea] https://insignis.aranzadidigital.es [consulta: 13/03/2024]; CORDÓN MORENO, F., *Proceso...*, pp. 105-106; HUALDE LÓPEZ, I., ob. cit., p. 337; y QUIJANO GONZÁLEZ, J., en *Comentarios al articulado del Texto Refundido de la Ley Concursal* (Dir. PEINADO GRACIA, J.I. y SANJUÁN MUÑOZ, E.), Sepín, Madrid, 2020, t. I, p. 892.
61. GUERRERO PALOMARES, S., ob. cit., p. 136.
62. ARIZA COLMENAREJO, M.J., ob. cit., p. 396.

3. Recursos

Bajo el marco de la LC existió cierta discusión sobre cuál era el recurso procedente frente al auto que resolvía la adopción de las medidas cautelares del entonces art. 48 LC[63].
En la actualidad, el art. 133.5 TRLC determina que, contra el auto que resuelva sobre la medida cautelar, cualquier afectado podrá interponer recurso de apelación.

Se establece la apelación directa por el objeto de lo que se pretende combatir: una medida cautelar severa (como es el embargo de bienes y derechos contra un tercero, ajeno en principio al proceso concursal), cuya firmeza requiere de cierta urgencia en ambos escenarios (estimatorio o desestimatorio), aunque especialmente en este último, habida cuenta de la necesidad de que se asegure con celeridad la eficacia de una sentencia de calificación culpable o el pago a los acreedores en caso de insuficiencia de masa activa.

---

63. Hasta la reforma de la Ley 38/2011, de 10 de octubre, existieron dos corrientes. De un lado, la que consideraba que cabía admitir el recurso directo de apelación al resultar aplicable el régimen previsto en la LEC en materia de medidas cautelares y, por tanto, también los arts. 735.1, 736.2 LEC y, especialmente, el 741.3 LEC, que permitía recurrir en apelación el auto decidiendo sobre la oposición a la adopción de una medida cautelar *inaudita parte* (AAP Barcelona 20 abril 2006, AAP Sevilla 12 noviembre 2010 y AJM 1 Las Palmas Gran Canaria 1 julio 2011). Y de otro lado, la tesis que entendía aplicable el art. 197 LC y excluía la apelación directa, dado que los arts. 48.3 y 48.5 LC previos a la modificación de la Ley 38/2011, de 10 de octubre, no establecían excepción alguna a la aplicación del régimen general de recursos que contemplaba el art. 197 LC, de manera que sólo se admitía el recurso de reposición, aunque con posterioridad pudiera volverse a plantear la cuestión a través de la apelación diferida (AAP León 30 diciembre 2005, AAP Madrid 6 noviembre 2008 y AAP Tenerife 16 diciembre 2011). El legislador zanjó la discusión con la reforma de la Ley 38/2011, de 10 de octubre, para establecer expresamente el recurso de apelación directo como medio de impugnación (art. 48 *ter*.3 LC).

El recurso de apelación procederá contra el auto, tanto si se acuerda la medida, como si se rechaza la misma, al referirse el precepto al «auto que resuelva», sin especificar el sentido, estimatorio o desestimatorio, del fallo.

La legitimación para recurrir el auto que decida sobre la medida cautelar recaerá sobre «cualquier afectado», novedad que incorporó el art. 133.5 TRLC, dado que su antecesor (el art. 48 *ter*.3 LC) nada preveía en materia de legitimación. En este sentido, cuando el auto adopte la medida, todo apunta que el único legitimado para recurrirlo sería el titular de los bienes y derechos embargados. Solo a él puede resultarle desfavorable la resolución.

A la vista de los numerosos pronunciamientos jurisprudenciales sobre el particular, es de suma importancia destacar que la persona afectada por el embargo, de un lado, y la sociedad concursada, de otro, tienen personalidad jurídica propia e independiente la una de la otra.

Aun a pesar de la amplia regulación de la legitimación en el vigente art. 133.5 TRLC, albergo serias dudas de que la deudora persona jurídica pudiera invocar un gravamen que le concediera legitimación para recurrir la medida cautelar impuesta a la persona afectada por la cautela (p.ej., su administrador o su socio mayoritario), habida cuenta del principio de personalidad del recurso (STS 22 abril 2010). Es difícil pensar que el auto adoptando la medida cautelar pudiera causar un perjuicio directo a la sociedad, pues los bienes embargados afectarían a la esfera patrimonial de otra persona, por lo que la concursada persona jurídica quedaría imposibilitada de defender intereses ajenos a través del recurso (AAP Zaragoza 31 octubre 2007, AAP Vizcaya 29 abril 2011 y AAP Madrid 26 enero 2015)[64]. Además, el

---

64. HUALDE LÓPEZ, I., ob. cit., pp. 379-380.

interés de los administradores o socios de la sociedad no necesariamente tiene que coincidir con los de esta.

Por otro lado, pudiera pensarse que la AC podría ostentar legitimación para impugnar la adopción de la medida si hubiera sido adoptada de oficio por el Juez del concurso. Sin embargo, parece complicado que la AC, como defensora de los intereses de los acreedores, recurra la decisión del Juez de trabar un embargo para asegurar la eficacia de una eventual sentencia condenando al pago del déficit concursal o ante un escenario de insuficiencia de masa activa para el pago de las deudas. La existencia del gravamen se encontraría, salvo en casos de error flagrante, muy difuminado, máxime cuando la sola expectativa de una mayor posibilidad de percepción de sus honorarios por la adopción del embargo disiparía la concurrencia del perjuicio exigido por el art. 448.1 LEC.

Si, una vez adoptada la medida cautelar, el Juez dicta auto alzándola por considerar concurrentes los requisitos para ello (p.ej., por haberse dictado resolución firme declarando el concurso fortuito, o concluso por pago de los créditos), no estaríamos ante el supuesto previsto en el art. 133 TRLC. Es decir, el auto no estaría resolviendo sobre la adopción de la medida, sino sobre su alzamiento; el matiz es distinto. Así pues, no resultaría aplicable el régimen de recursos previsto en el art. 133.5 TRLC, sino el general de los arts. 545 y ss. TRLC: solo cabría recurso de reposición (AAP Madrid 5 noviembre 2010 y AAP Cantabria 24 abril 2017). En todo caso, y a los meros efectos dialécticos, aun en el caso de que se aplicara supletoriamente la LEC, tampoco cabría apelación contra el alzamiento de la medida cautelar al no hallarse previsto tal recurso en los arts. 744 y 745 LEC (AAP Madrid 9 junio 2006).

Por último, debe tenerse en cuenta que, cuando la medida cautelar de embargo se haya adoptado con previa audiencia de las partes (art. 734 LEC), el auto que se dicte será apelable con carácter directo. Sin embargo, cuando se hubiera adoptado *inaudita parte* (art. 733.2 LEC), entonces, contra el inicial auto que decida sobre la tutela cautelar impetrada, no procederá el recurso de apelación, sino que los afectados podrán oponerse a la medida por los trámites de la oposición prevista en los arts. 739 y ss. LEC y el auto que la resuelva será contra el que podrá interponerse el recurso de apelación (AAP Valencia 3 febrero 2020, y en la instrucción de recursos: AJM 1 Palma de Mallorca 3 octubre 2019, AJM 3 Barcelona 15 junio 2021 y AJM 6 Barcelona 15 noviembre 2021). En otro caso, no solo el destinatario de la medida quedaría privado de una instancia, sino que aparecerían verdaderos problemas en cuanto a las posibilidades de alegación y de proposición de prueba a realizar, directamente, en la segunda instancia.

IV. MEDIDAS CAUTELARES EN CASOS ESPECIALES DE RECONOCIMIENTO DE CRÉDITOS

1. Regulación

Puede que algunos créditos reconocidos en el listado de acreedores elaborado por la AC se encuentren sometidos a condiciones resolutorias o suspensivas. En estos supuestos, el art. 261 TRLC (intitulado «Créditos sometidos a condición») prevé un reconocimiento específico: junto a la clasificación del crédito que proceda conforme a los arts. 269 y ss. TRLC, esos créditos serán reconocidos como condicionales (si concurre una condición resolutoria) o como contingentes (si concurre una suspensiva).

La doctrina explica que, en los créditos sometidos a condición resolutoria, sus titulares gozarán de los derechos concursales como si se tratara de créditos puros y simples mientras no se cumpla la condición. Cuando se cumpla, ese crédito dejará de existir, debiendo el acreedor devolver a la masa las cantidades que, en su caso, hubiera cobrado.

En cuanto a los créditos sometidos a condición suspensiva, se reconocerán como créditos contingentes sin cuantía propia, aunque con la calificación que corresponda, suspendiéndose los derechos de adhesión, de voto y de cobro mientras no se confirmen o reconozcan por sentencia firme o susceptible de ejecución provisional (arts. 261.3 y 261.4 TRLC)[65].

El art. 261.5 TRLC establece que: «Cuando el juez del concurso estime probable el cumplimiento de la condición resolutoria o la confirmación del crédito contingente, podrá, a petición de parte, adoptar las medidas cautelares de constitución de provisiones con cargo a la masa, de prestación de fianzas por las partes y cualesquiera otras que considere oportunas en cada caso».

Estas medidas (que no constituyen una lista cerrada[66]) buscan, por un lado, que el acreedor pueda devolver a la masa del concurso las cantidades que hubiese podido percibir si se verificase la condición del crédito sometido a condición resolutoria y, por otro, evitar la inobservancia del principio de la paridad concursal, garantizando el pago al

---

65. GUTIÉRREZ GILSANZ, A., «Improcedencia de medidas cautelares para créditos litigiosos existiendo convenio concursal de espera», *Diario La Ley*, 8252, 2014, [en línea] https://laleydigital.laleynext.es [consulta: 13/03/2024].

66. GONZÁLEZ FERNÁNDEZ, B., en *Comentarios al articulado del Texto Refundido de la Ley Concursal* (Dir. PEINADO GRACIA, J.I. y SANJUÁN MUÑOZ, E.), Sepin, Madrid, 2020, t. II, p. 479, aporta algunos ejemplos útiles: la prestación de fianza de un acreedor condicional cuando deba recibir alguna cantidad que pueda que tener que devolver posteriormente *ex* art. 261.2 TRLC o la provisión contable con cargo a la masa por el importe íntegro de un crédito litigios que, si bien se encuentra pendiente de resolverse en un recurso de casación, ha sido confirmado en primera y segunda instancia.

acreedor contingente[67]. La doctrina se divide entre considerarlas o no como verdaderas medidas cautelares[68].

2. Tramitación procesal

El art. 261.5 TRLC determina sus propios presupuestos para la tutela cautelar que refiere: probabilidad de cumplimiento de la condición resolutoria o confirmación del crédito contingente. Pero, sin embargo, no regula el trámite procedimental para su adopción.

La jurisprudencia menor tampoco mantiene una posición única.

De un lado, hay tribunales que consideran que la omisión del trámite procesal debe suplirse con lo previsto en la LEC, en atención a la remisión contenida en el art. 521 TRLC. Y se justifican manifestando que esa remisión garantiza mejor los derechos e intereses en juego en la adopción de las medidas y fomenta la uniformidad en el modo procedimental de adoptarlas, incluido el régimen legal de recursos procedente establecido en los arts. 735.2, 736.1 y 741.3 LEC (AAP Alicante 11 diciembre 2015)[69].

De otro lado, existen órganos que tramitan la pretensión cautelar mediante una suerte de procedimiento escrito, con audiencia a los afectados, pero sin celebrar vista, (AJM 4 Madrid 3 enero 2005 y AJM 1 Madrid 9 octubre 2008).

---

67. GARCÍA GARCÍA E. e IBORRA, C., ob. cit.
68. A favor: ARIZA COLMENAREJO, M.J., ob. cit., p. 399. En contra: GUTIÉRREZ GILSANZ, A., ob. cit.
69. ARIZA COLMENAREJO, M.J., ob. cit., p. 400; y HUALDE LÓPEZ, I., ob. cit., p. 395.

3. Recursos

A la vista de la dualidad de planteamientos en el ámbito de la tramitación procesal, el régimen de recursos también se desdobla. Puede ser la apelación directa en los casos donde se aplica estrictamente la LEC al tramitar la cautelar (AJM 5 Barcelona 25 enero 2008 y AJM 6 Madrid 5 septiembre 2016). O el recurso de reposición, en aplicación de las disposiciones generales del TRLC, cuando se siga el procedimiento escrito antes referido (AJM 1 Madrid 9 octubre 2008).

V. MEDIDAS CAUTELARES EN ORDEN A LA MODIFICACIÓN DE LA LISTA DEFINITIVA DE ACREEDORES

1. Regulación

Tal y como anuncia su título, el art. 313 TRLC regula las medidas cautelares en orden a la modificación de la lista definitiva de acreedores. Literalmente dice el precepto: «Cuando estime probable la introducción de la modificación pretendida, el Juez del concurso, a petición del solicitante, podrá adoptar las medidas cautelares que en cada caso considere oportunas para asegurar la efectividad de la resolución a dictar».

Se pretende garantizar la tutela pretendida tras la tramitación de la modificación de la lista definitiva de acreedores.

2. Tramitación procesal

Esta disposición casa con la típica medida cautelar coetánea a la interposición de demanda, toda vez que concurrirían los elementos típicos de las medidas cautelares establecidos en la ley procesal civil: jurisdiccionalidad, rogación de parte, instrumentalidad, temporalidad, etc. No obstante, no existe mayor desarrollo al respecto y esta carencia legislativa genera serias incertidumbres, especialmente en el plano procesal[70]. En este sentido, se ha perdido una gran oportunidad para despejar esas dudas con la promulgación del TRLC y después de la Ley 16/2022 de incluir en el art. 313 TRLC la regulación de cuestiones, como, p.ej., el momento para solicitar las medidas, su tramitación procedimental, la posible solicitud *inaudita parte* o el régimen de recursos.

Entiendo, en cualquier caso, que para adoptar las medidas del art. 313 TRLC deberían seguirse los trámites previstos en los arts. 730 y ss. LEC[71], tal y como han considerado nuestros tribunales (AJM 2 Bilbao 26 septiembre 2016). Ahora bien, debo destacar lo asimétrico —además del retraso temporal— que supone, de seguir estrictamente la reglamentación de la LEC, la necesaria celebración de vista para adoptar la cautelar (art. 734 LEC) cuando el procedimiento del cual son accesorias dichas cautelares (la modificación de textos definitivos) no prevé la celebración de vista, sino que insta a una tramitación escrita (art. 311 TRLC). Por ello, se propone sustituir el trámite de la vista por uno escrito[72].

3. Recursos

La jurisprudencia menor (AJM 2 Bilbao 26 septiembre 2016) entiende que el recurso contra el auto resolviendo esta clase de cautelares debería ser el de apelación directo (arts. 735.2, 736.1 y 741.3 LEC).

---

70. FUENTES DEVESA, R., en *Comentarios al articulado del Texto Refundido de la Ley Concursal* (Dir. PEINADO GRACIA, J.I. y SANJUÁN MUÑOZ, E.), Sepin, Madrid, 2020, t. II, pp. 838-839.
71. GARCÍA ESCOBAR, G.A., en *Comentario al Texto Refundido de la Ley Concursal* (Dir. VEIGA COPO, A.), Aranzadi, Pamplona, 2021, t. I, p. 2022; y LÓPEZ SÁNCHEZ, J., ob. cit., p. 518.
72. FUENTES DEVESA, R., ob. cit., t. II, p. 839.

Sin perjuicio de ello, tampoco debería descartarse de plano la aplicación del régimen general del TRLC (esto es, el recurso de reposición *ex* art. 546 TRLC), dada cuenta de la falta de remisión expresa a la LEC.

VI. MEDIDAS CAUTELARES EN EL TRÁMITE DE OPOSICIÓN AL CONVENIO

1. Regulación

En la fase de convenio, el art. 387 TRLC establece: «El juez, al admitir a trámite la oposición y emplazar a las demás partes para que contesten, podrá tomar cuantas medidas cautelares procedan para evitar que la demora derivada de la tramitación de la oposición impida, por sí sola, el cumplimiento futuro del convenio aceptado, en caso de desestimarse la oposición. Entre tales medidas cautelares podrá acordar que se inicie el cumplimiento del convenio aceptado, bajo las condiciones provisionales que determine».

Este precepto nació a partir de la enmienda número 633 planteada durante la tramitación parlamentaria de la LC en el Congreso de los Diputados[73].

El objetivo de estas medidas es evitar que, mientras se encuentre sustanciando el incidente de oposición al convenio, puedan surgir circunstancias que acaben por impedir o perjudicar la efectividad de una sentencia que al final apruebe el convenio[74].

---

73. Su justificación era «evitar demoras innecesarias en el cumplimiento del convenio mediante la posibilidad de que el Juez adopte medidas cautelares a tal fin».

74. Fuentes Bujalance, A., en *Comentarios al articulado del Texto Refundido de la Ley Concursal* (Dir. Peinado Gracia, J.I. y Sanjuán Muñoz, E.), Sepin, Madrid, 2020, t. III, p. 62.

2. Tramitación procesal

La doctrina no encuadra estas medidas dentro del concepto de medidas cautelares en el sentido técnico empleado por la LEC[75] porque no se exige instancia de parte (lo que nos ofrece una idea de la importancia que el autor de la ley da al convenio, al permitir al Juez acordar medidas cautelares de oficio para salvaguardar la solución conveniada[76]) y porque no se somete a la necesidad de caución, tal y como confirma la jurisprudencia menor que se ha pronunciado al respecto (AJM 8 Madrid 14 marzo 2014)[77]. De hecho, se ha dicho que, más que una medida cautelar propiamente dicha, estamos ante una mera facultad del Juez del concurso[78].

Habida cuenta lo anterior, tal vez debería haberse dejado de emplear la terminología de «medida cautelar» por otra más genérica con la finalidad de evitar dudas interpretativas sobre la aplicación supletoria de la LEC en lo relativo a las medidas cautelares en este supuesto.

Estas medidas son otro ejemplo de la falta de detalle procedimental dentro del derecho de las insolvencias. El art. 387 TRLC no establece el procedimiento a seguir. Por ello, se ha propuesto conceder trámite de audiencia al deudor, a la AC y a las partes personadas a los efectos de alegar lo que consideren oportuno, resolviéndose finalmente de forma motivada mediante auto[79].

Aunque, según se desprende del tenor literal del precepto, solamente cabría la iniciativa de oficio, considero viable

---

75. Hualde López, I., ob. cit., p. 396.
76. Fuentes Bujalance, A., ob. cit., p. 62.
77. Fuentes Bujalance, A., ob. cit., p. 63.
78. Gómez Soler, E., ob. cit., p. 239.
79. García García E. e Iborra, C., ob. cit.

también la adopción a instancia de parte[80]. Para ello, si se quiere cumplir efectivamente la finalidad prevista del art. 387 TRLC, esa petición de parte no debería considerarse como una pretensión *strictu sensu* (que seguramente debería dar lugar a un incidente concursal y, consecuentemente, a un retraso que precisamente la medida en juego quiere evitar), sino como una mera proposición al Juez para que sea este quien la adopte, como si de oficio se tratara, pero sin necesidad de tramitar un incidente. No veo especiales problemas de índole procesal en ello, toda vez que es el propio precepto el que censura la actuación de terceros distintos del Juez. Así se garantizaría un mejor encaje del derecho a la tutela judicial efectiva al permitir a las partes, aunque sea indirectamente, instar al Juez para que adopte las medidas que consideren oportunas con el objetivo de evitar incumplimientos del convenio aceptado cuando se haya formulado oposición a su aprobación.

3. Recursos

Contra ese auto que adopte las medidas previstas en el art. 387 TRLC cabrá solamente recurso de reposición, conforme al art. 546 TRLC (AJM 8 Madrid 14 marzo 2014).

Por último, quiero aclarar que las medidas recogidas en el art. 387 TRLC son distintas de la posibilidad, regulada en el art. 549.2 TRLC, de suspender, total o parcialmente, los efectos de un convenio cuando su aprobación judicial haya sido recurrida en apelación.

---

80. MOLINA LÓPEZ, F., en *Comentario al Texto Refundido de la Ley Concursal* (Dir. PRENDES CARRIL, P. y FACHAL NOGUER, N.), Aranzadi, Pamplona, 2021, t. II, p. 209.

VII. MEDIDAS CAUTELARES EN RELACIÓN CON EL PAGO DE CRÉDITOS CON PRIVILEGIO GENERAL Y ORDINARIOS

1. Regulación

En relación con los créditos con privilegio general, el art. 432.2 TRLC expresa: «El juez podrá autorizar el pago de estos créditos sin esperar a la conclusión de las impugnaciones promovidas adoptando las medidas cautelares que considere oportunas en cada caso para asegurar su efectividad y la de los créditos contra la masa de previsible generación».

Por su parte, el art. 434.2 TRLC, relativo a los créditos ordinarios, indica: «El juez podrá también autorizar el pago de los créditos ordinarios antes de que concluyan las impugnaciones promovidas, adoptando en cada caso las medidas cautelares que considere oportunas para asegurar su efectividad y la de los créditos contra la masa de previsible generación».

Es decir, el Juez del concurso podrá autorizar el pago de créditos con privilegio general y de créditos ordinarios sin esperar a la conclusión de las impugnaciones promovidas, adoptando las medidas cautelares que considere oportunas en cada caso para asegurar la efectividad del cobro de tales créditos.

Estas medidas guardan cierta similitud con las medidas previstas en el art. 387 TRLC, en el sentido de que no se exige instancia de parte para su adopción, sino que será el Juez quien, a su criterio, las adopte.

2. Tramitación procesal

Existen dudas de que estas medidas compartan naturaleza y características con las cautelares de la LEC, impidiendo, asimismo, aplicarles su régimen procedimental y, por tanto, el de los recursos admisibles[81].

A la vista de ello, parece que lo oportuno sería otorgar un plazo a la AC, al deudor y a las partes al objeto de alegar lo que consideren pertinente respecto de las medidas a adoptar y resolver posteriormente mediante auto.

De todos modos, la doctrina recomienda ser cauteloso en la interpretación y aplicación de estos preceptos, habida cuenta de la falta de criterios claros por el inexistente desarrollo doctrina y jurisprudencial[82].

3. Recursos

El auto podrá ser impugnado únicamente mediante recurso de reposición, en aplicación del régimen general de recursos contra las resoluciones del Juez del concurso (art. 546 TRLC).

VIII. MEDIDAS CAUTELARES A SOLICITUD DE JUECES O TRIBUNALES DEL ORDEN JURISDICCIONAL PENAL

1. Regulación

El art. 519 TRLC determina que la incoación de un proceso penal relacionado con el concurso no determina la suspensión de este último. Ambos discurrirán de manera paralela y solo cuando uno concluya temporalmente antes que el

---

81. FERNÁNDEZ SEIJO, J.M., en *Comentarios al articulado del Texto Refundido de la Ley Concursal* (Dir. PEINADO GRACIA, J.I. y SANJUÁN MUÑOZ, E.), Sepin, Madrid, 2020, t. III, p. 354.
82. FERNÁNDEZ SEIJO, J.M., ob. cit., p. 368.

otro, podrá llegarse a decir que produce un efecto prejudicial positivo[83].

Ciertamente, una peculiaridad destacable del procedimiento concursal es que la sospecha sobrevenida de comisión de hechos delictivos relacionados con aquel no suponga, como sucede de ordinario (art. 10.2 LOPJ), la suspensión del proceso[84]. Ello, además, creo que debería provocar el cambio del título del artículo («Prejudicialidad penal»), dado que no se corresponde con su contenido.

El art. 520 TRC se encarga de regular las medidas cautelares a solicitud de Jueces o Tribunales del orden jurisdiccional penal[85].

Los requisitos que deben concurrir para la adopción de la medida son, en primer lugar, que se haya admitido a trámite querella o denuncia contra el deudor o por hechos que tuvieran relación o influencia en el concurso; en segundo lugar, que medie una solicitud expresa del Juez o Tribunal del orden jurisdiccional penal que esté conociendo de la querella o denuncia; y, en tercer lugar, que el objeto de la medida sea de carácter patrimonial y afecte a la masa activa (art. 520.1 TRLC).

Estas medidas no deben impedir la continuación normal del procedimiento. Se acordarán del modo más conveniente para garantizar la ejecución de los pronunciamientos patrimoniales de la eventual condena penal. Y no podrán alterar o modificar la clasificación de los créditos concursales, ni las preferencias de pagos establecida en el TRLC (arts. 520.2 y 520.3 TRLC).

---

83. CALAZA LÓPEZ, S., en *Derecho Concursal y Preconcursal* (Dir. GALLEGO SÁNCHEZ, E.), Tirant lo Blanch, Valencia, 2022, p. 2094.
84. CALAZA LÓPEZ, S., ob. cit., p. 2094.
85. CORDÓN MORENO, F., en *Comentario a la Ley Concursal* (Dir. PULGAR EZQUERRA, J.), Wolters Kluwer, Madrid, 2020, t. I, pp. 2176-2179.

2. Tramitación procesal

Apenas se prevén aspectos procedimentales. Vistos los requisitos, y en especial que su adopción no es a instancia de parte ni tampoco de oficio, sino a solicitud de un Juez o Tribunal de otro orden jurisdiccional, difícilmente se puede caracterizar la actuación como medida cautelar en los términos que viene regulada en la legislación procesal civil común. Más bien estaríamos ante una suerte de cooperación (arts. 273 y ss. LOPJ) o auxilio (arts. 169 y ss. LEC) entre dos órganos judiciales.

Conviene recordar, en este orden de ideas, que el Juez mercantil no queda vinculado a la petición del Juez o Tribunal penal; puede estimarla o rechazarla.

3. Recursos

La decisión del Juez mercantil deberá revestir la forma de auto por exigirlo así expresamente el art. 206.1.2ª LEC.

Ante el silencio de la ley sobre los recursos procedentes contra dicho auto, la opción más coherente sería permitir a los perjudicados por la adopción de la medida recurrir en reposición. Es decir, resultaría aplicable el art. 546 TRLC, que establece ese recurso, salvo que se excluya de todo recurso o se otorgue la apelación, lo que no ocurre aquí.

A mayor abundamiento, la solicitud del Juez o Tribunal penal al Juez del concurso para que adopte una medida cautelar patrimonial con trascendencia para la masa concursal debería haber venido precedida de la correspondiente tramitación en el seno del procedimiento penal (arts. 589 y ss. y 764 de la Ley de Enjuiciamiento Criminal), con las posibilidades de audiencia y contradicción, así como de recurrir la decisión, de acuerdo con lo establecido en la norma procesal penal. Es decir, que la solicitud del órgano penal nacería tras haberse llevado a cabo la tramitación sobre medidas cautelares reales en el procedimiento penal, en el cual, como digo, los interesados habrían tenido la oportunidad de formular los recursos procedentes conforme a la Ley de Enjuiciamiento Criminal.

IX. MEDIDAS CAUTELARES AL FORMULARSE SOLICITUDES DE CONCURSO POR OTROS LEGITIMADOS DISTINTOS DEL DEUDOR DESPUÉS DE LA COMUNICACIÓN DE LA APERTURA DE NEGOCIACIONES

1. Regulación

En el ámbito preconcursal, la comunicación de apertura de negociaciones del deudor con los acreedores produce una serie de efectos que, entre otras cuestiones, afecta a las solicitudes de concurso necesario que se presenten una vez se tenga por realizada dicha comunicación mediante el decreto regulado en el art. 590 TRLC.

De tal manera, el art. 610.1 TRLC expresa que las solicitudes de concurso presentadas después de la comunicación por otros legitimados distintos del deudor se repartirán al Juzgado competente, pero no se admitirán a trámite mientras no transcurra el plazo de tres meses a contar desde la fecha de la comunicación. Por otro lado, aquellas solicitudes de la misma clase presentadas antes de la comunicación, pero aún no admitidas a trámite, quedarán en suspenso.

Son de las protecciones más importantes que la comunicación de apertura de negociaciones brinda al deudor.

A continuación, el art. 610.3 TRLC señala que las solicitudes suspendidas y las que se presenten con posterioridad a la expiración de los plazos anteriores solo se proveerán transcurrido un mes sin que el deudor haya solicitado en plazo la declaración de concurso, sin perjuicio de la adopción por el Juez de las medidas cautelares que estime oportunas. Se introduce, así, la posibilidad de que se acuerden medidas cautelares en este ámbito, tal y como, según indica algún autor, ya venía haciéndose en la práctica con anterioridad[86].

La doctrina manifiesta que las medidas cautelares que puedan adoptarse deberán conectar con la solicitud de concurso necesario y, lógicamente, tendrán carácter conservativo a fin de evitar que el deudor pueda desarrollar conductas tendentes a minorar, ocultar o perjudicar su patrimonio y que la situación de insolvencia empeore[87].

2. Tramitación procesal

Se permite la adopción de oficio y a instancia de parte, esta última articulada en la misma petición de concurso necesario o en un escrito *ad hoc* posterior, pero debidamente motivado en todo caso, y exigiéndose los presupuestos de la LEC: apariencia de buen derecho, peligro en la demora y ofrecimiento de caución.

Por lo demás, tal vez exigir, como se ha propuesto[88], que la tramitación de las medidas cautelares del art. 610.3 TRLC sea por medio de las reglas de la LEC resulte excesivo en un procedimiento no íntegramente jurisdiccional, sino preconcursal negociado, cuya duración se encuentra muy limitada en el tiempo al no superar los tres meses (art. 611.1 TRLC) o, en determinadas situaciones, los seis meses (art. 607 TRLC). Por ello, seguramente sería más razonable la mera tramita-

---

86. FERNÁNDEZ PÉREZ, N., en *Derecho Concursal y Preconcursal* (Dir. GALLEGO SÁNCHEZ, E.), Tirant lo Blanch, Valencia, 2022, p. 2272.
87. AZNAR GINER, E., *La comunicación preconcursal de apertura de negociaciones, planes de reestructuración, insolvencia y concurso de acreedores*, Tirant lo Blanch, Valencia, 2022, p. 150.
88. AZNAR GINER, E., ob. cit., p. 151.

ción escrita de la solicitud, con audiencia de las partes interesadas también por escrito, y resolución mediante auto.

3. Recursos

Ante la falta de regulación expresa, el auto que dicte el Juez al amparo del art. 610.3 TRLC sería recurrible únicamente en reposición por aplicación del art. 546 TRLC. Además, no tendría sentido admitir una apelación cuando su sustanciación muy probablemente duraría más que el propio procedimiento donde se adoptase la decisión recurrida (la comunicación de apertura de negociaciones con los acreedores).

X. MEDIDAS CAUTELARES AL IMPUGNARSE EL AUTO DE APERTURA DE LA LIQUIDACIÓN EN LOS SUPUESTOS DE FRUSTRACIÓN DEL PLAN DE CONTINUACIÓN

1. Regulación

Cuando en el seno del procedimiento especial para microempresas se produzca la falta de aprobación del plan de continuación, el rechazo de la homologación judicial, la estimación de la impugnación de la homologación por la Audiencia Provincial o el incumplimiento del plan, se considerará producida la frustración del plan de continuación y el Juez procederá en esos cuatro casos a la apertura del procedimiento especial de liquidación mediante auto (art. 699 *bis*.1 TRLC).

Ese auto podrá ser impugnado por el deudor alegando que no se encuentra en situación de insolvencia actual (art. 699 *bis*.6 TRLC). La norma acota la posible defensa del deudor a ese supuesto en exclusiva. Ahora bien, se le debería haber facultado para que pudiera impugnar también la existencia del concreto supuesto de hecho por el que se considere concurrente la frustración del plan.

En todo caso, la impugnación se formalizará dentro del plazo de cinco días desde la publicación del auto de apertura, mediante formulario normalizado, acompañado de la documentación probatoria pertinente (se excluyen, aparentemente, el resto de medios de prueba admitidos por la LEC). Una vez se tiene por presentada la solicitud de impugnación, el Juez podrá convocar a una vista al deudor, acreedores y, en su caso, al experto en reestructuraciones, para oírlos y resolver oralmente si procede la tramitación del procedimiento especial de liquidación, o su conclusión por no encontrarse el deudor en situación de insolvencia actual. En la medida que el precepto indica que el Juez «podrá» convocar esa vista, su celebración no es preceptiva y, por tanto, cabe que el Juez no la convoque y resuelva directamente sobre la solicitud de impugnación sin más trámites. En todo caso, sería recomendable que, previamente, se diera traslado de la solicitud a las partes afectadas para que pudieran formular alegaciones y aportar los documentos que tuvieran por convenientes, a fin de otorgar mejor satisfacción a los principios de audiencia e igualdad de armas, por mucho que no se recoja expresamente este trámite en la ley.

Pues bien, el art. 699 *bis*.7 TRLC establece la carencia de efectos suspensivos de la impugnación, «sin perjuicio de las medidas cautelares que el Juez considere oportunas».

2. Tramitación procesal

Como es de ver, no es una redacción excepcional desde un punto de vista técnico. No se indica la tramitación procedimental.

Tampoco se refleja quién tiene que solicitar esas medidas. Es decir, si el Juez de oficio o si también puede ser a instancia de parte. La doctrina entiende que caben ambas posibilidades[89], aunque tengo mis dudas. Parece que, de la redacción del precepto, se desprende que el legislador está pensando en otorgar exclusivamente al Juez el ejercicio de esa facultad.

Sea como fuere, considero que debe recurrirse a un procedimiento meramente escrito, donde las partes y afectados por la medida tengan posibilidad de efectuar alegaciones y, tras ello, el Juez dicte auto acordando lo procedente por auto.

De todas maneras, no hay que perder que la medida cautelar buscaría mitigar los riesgos que pudieran oponerse a la eventual estimación de la impugnación del auto de apertura de la liquidación. Pero, según el tenor literal del art. 699 *bis*.6 TRLC, dicha impugnación debería estar resuelta, en teoría, a los veinte días de dictarse el auto de apertura de la liquidación. El auto resolutorio de la impugnación es irrecurrible, por mor del art. 687.4 TRLC. Por tanto, parece que la duración de las cautelares del art. 699 *bis*.7 TRLC estaría muy limitada en el tiempo.

3. Recursos

El auto que dicte el Juez resolviendo sobre las medidas cautelares (adoptándolas o rechazándolas) no podrá ser recurrido, por aplicación de la norma general de irrecurribilidad de autos y sentencias en el procedimiento especial para microempresas del art. 687.4 TRLC[90].

---

89. Sanjuán Muñoz, E., *Reestructuración y liquidación de microempresas en crisis. El procedimiento especial para microempresas y su régimen transitorio*, Tirant lo Blanch, Valencia, 2022, p. 303.
90. Sanjuán Muñoz, E., ob. cit., 2022, p. 303.

XI. MEDIDAS CAUTELARES ADOPTADAS RELACIONADAS CON UN PROCEDIMIENTO CONCURSAL EXTRANJERO

1. Regulación

Como refiere la doctrina[91], el art. 748 TRLC regula el régimen de tutela cautelar internacional cuando se haya incoado un procedimiento principal de insolvencia en el extranjero. En particular, este precepto solo tiene aplicación cuando dicho procedimiento se haya abierto en un Estado no miembro de la Unión Europea o en Dinamarca, o cuando se haya incoado en un Estado miembro y no le resulte de aplicación el Reglamento (UE) 2015/848 del Parlamento Europeo y del Consejo, de 20 de mayo de 2015, sobre procedimientos de insolvencia. Fuera de tales casos, será aplicable la normativa europea en materia de insolvencias transfronterizas europeas regulada en el Reglamento citado.

En el art. 748 TRLC se prevén dos tipos de medidas.

Por un lado, el reconocimiento y ejecución en España, previo el correspondiente *exequátur*, de las medidas cautelares que el Juez del procedimiento principal en el extranjero haya podido adoptar (art. 748.1 TRLC). La finalidad que persiguen estas medidas es asegurar la integridad del patrimonio del deudor.

Y, por otro lado, la adopción por los órganos jurisdiccionales españoles de las medidas cautelares que resulten oportunas antes del reconocimiento de un procedimiento extranjero de insolvencia (art. 748.2 TRLC). El objetivo aquí es evitar la frustración del procedimiento principal extranjero en atención a los riegos que puedan materializarse en el pe-

---

91. HEREDIA CERVANTES, I. y THERY MARTÍ, A., en *Comentarios al articulado del Texto Refundido de la Ley Concursal* (Dir. PEINADO GRACIA, J.I. y SANJUÁN MUÑOZ, E.), Sepin, Madrid, 2020, t. IV, p. 1030.

riodo existente entre la solicitud de apertura de ese procedimiento concursal extranjero y la declaración de reconocimiento de la apertura del concurso en España.

2. Tramitación procesal

En cuanto a las medidas del art. 748.1 TRLC, más que la adopción de una cautelar, estamos ante un procedimiento de *exequátur*. Por ello, para determinar su tramitación procesal debe acudirse a la Ley 29/2015, de 30 de julio, de cooperación jurídica internacional en materia civil.

Respecto de las medidas del art. 748.2 TRLC sí que encontramos una remisión expresa a la legislación patria («podrán adoptarse conforme a la ley española medidas cautelares»). Por tanto, la tramitación procesal en este supuesto debe acomodarse a lo establecido en el título VI de la LEC, en relación con lo dispuesto en el art. 18 TRLC, por la analogía de tales medidas con las previas al dictado del auto declarando el concurso[92].

3. Recursos

En lo relativo a los recursos procedentes contra las medidas cautelares adoptadas relacionadas con un procedimiento concursal extranjero, también procede desdoblar su régimen.

Por una parte, respecto del caso previsto en el art. 748.1 TRLC, tratándose de una resolución en materia de *exequátur*, hay que acudir a su régimen específico: el art. 55 de la Ley 29/2015, de 30 de julio, de cooperación jurídica internacional en materia civil, al ser esta la norma que debe aplicar-

---

92. HEREDIA CERVANTES, I. y THERY MARTÍ, A., ob. cit., pp. 1031-1032; y PAREDES PÉREZ, J.I., en *Comentario al Texto Refundido de la Ley Concursal* (Dir. VEIGA COPO, A.), Aranzadi, Pamplona, 2021, t. II, p. 1981.

se cuando nos estamos moviendo en el título IV del libro cuarto del TRLC para instar el *exequátur*. El referido precepto establece que, contra el auto de *exequátur*, cabe interponer recurso de apelación de conformidad con las previsiones de la LEC. Si el auto recurrido fuera estimatorio, el órgano jurisdiccional podrá suspender la ejecución o sujetar dicha ejecución a la prestación de la oportuna caución. Contra la resolución dictada por la Audiencia Provincial en segunda instancia, la parte legitimada podrá interponer el recurso de casación de acuerdo con lo establecido en la LEC y, precisamente, el art. 488.1 LEC ya recoge expresamente este supuesto tras la reforma operada por el Real Decreto-ley 6/2023, de 19 de diciembre.

Por otra parte, para las medidas del art. 748.2 TRLC, en tanto que la doctrina científica se decanta por remitirse a efectos procedimentales a la LEC, sería aconsejable que su régimen aplicable a efectos de recursos fuera también el establecido en dicho cuerpo normativo, lo cual tendría su fundamento legal en la remisión que consta en el último inciso del artículo («podrán adoptarse conforme a la ley española»).

XII. MEDIDAS RESTRICTIVAS DE DERECHOS FUNDAMENTALES

1. Regulación

Las medidas que en el seno del proceso concursal pueden llegar a afectar a los derechos fundamentales y libertades públicas del concursado vienen referidas en el art. 105 TRLC, según el cual los efectos de la declaración de concurso sobre los derechos y libertades fundamentales del concurso en materia de correspondencia, residencia y libre circulación serán los establecidos en la LORC.

Con arreglo al art. 1 LORC (intitulado «Efectos del concurso sobre derechos fundamentales del concursado»), desde la admisión a trámite de la solicitud de declaración de concurso necesario o desde la declaración de concurso voluntario, el Juez, previa audiencia del Ministerio Fiscal, podrá acordar en cualquier estado del procedimiento las medidas restrictivas de derechos fundamentales del deudor enumeradas en el precepto. En caso de que el concursado sea una persona jurídica, podrán acordarse respecto de todos o alguno de sus administradores o liquidadores, tanto de quienes lo sean en el momento de la solicitud de declaración de concurso, como de los que lo hubieran sido dentro de los dos años anteriores.

Las medidas que, de manera taxativa, se establecen son las siguientes: la intervención de las comunicaciones del deudor, el deber de residencia del deudor en determinada población y la entrada y registro en el domicilio del deudor. Cualesquiera otras serán rechazadas por falta de acomodo legal (AJM 12 Madrid 18 marzo 2015). Así pues, los derechos fundamentales que pueden verse afectados por las anteriores medidas serían el secreto de las comunicaciones (art. 18.3 CE), la inviolabilidad del domicilio (art. 18.2 CE), la libertad de residencia y circulación (art. 17 CE) e incluso la propia libertad personal (art. 17 CE).

La finalidad de las medidas es lograr una normal tramitación del procedimiento, según se indica en la Exposición de Motivos de la LORC

2. Tramitación procesal

La tramitación procesal de las medidas restrictivas de derechos fundamentales en el concurso es la que se regula específicamente en el art. 1 LORC.

La iniciativa se divide según la tipología del concurso. Si es necesario, podrá solicitar las medidas el legitimado para instar ese tipo de concurso (art. 13 TRLC), desde la admisión a trámite de la solicitud de declaración de concurso. Si es voluntario, podrá pedirlas cualquier interesado o incluso de oficio por el Juez del concurso, desde la declaración judicial del concurso. Tras ello hay un trámite previo escrito para oír al Ministerio Fiscal (art. 1.3 LORC).

Y finalmente el Juez resolverá mediante auto motivado. Aunque la ley no especifica el tipo de resolución que debe emplearse, es obvio que será un auto, dado que el mismo artículo exige que sea motivada, lo que no sucede con las providencias, toda vez que no se pone fin a la instancia, como ocurriría con las sentencias (art. 206.1 LEC).

En su decisión, el Juez deberá tener en consideración los criterios referidos en el art. 1.3 LORC: la idoneidad de la medida en relación con el estado del procedimiento; el objetivo perseguido, que se expondrá de manera concreta en la resolución; la proporcionalidad entre el alcance de la medida y el objetivo; y la duración de la medida, con fijación del tiempo máximo de vigencia, sin perjuicio de posteriores prórrogas. Así mismo, el art. 1.4 LORC prevé ciertas especialidades en los supuestos de intervención de las comunicaciones, al remitirse a lo regulado a la Ley de Enjuiciamiento Criminal al respecto. Y el art. 1.5 LORC hace lo propio, también, para determinados casos de entrada y registro en domicilios.

3. Recursos

El art. 1.6 LORC expresa que «las decisiones judiciales estimatorias podrán ser recurridas en apelación por el deudor en el plazo de cinco días, ante la Audiencia Provincial». Existe, pues, un especial régimen para recurrir los autos que adopten medidas restrictivas de derechos fundamentales del deudor (AAP Tarragona 4 abril 2006).

Contra los autos estimatorios cabe interponer recurso de apelación directo en el exiguo plazo de cinco días desde su notificación. Se reduce notoriamente el tiempo para la interposición, si se pone en relación con el plazo general de veinte días previsto en el art. 458.1 LEC. Aunque esta importante reducción del plazo trae causa de la afectación a bienes jurídicos protegidos expresamente por derechos y libertades recogidos en nuestra Carta Magna, me cuesta compartirla. Tal vez pudiera dejarse en la mitad (10 días) del plazo general (20 días). Téngase en cuenta que, en concursos necesarios, pueden llegar a acordarse estas medidas sin que el concursado esté personado, por lo que, tras su emplazamiento, deberá actuar con agilidad (y su letrado también) si quisiera formular un recurso de apelación en condiciones.

La legitimación para la interposición del recurso de apelación corresponderá al deudor (AAP Tarragona 4 abril 2006) y, sin perjuicio de que la norma solo le menciona a él, se ha interpretado —correctamente a mi juicio— que la legitimación abarcará también a las personas cuyos derechos y libertades fundamentales hayan sido restringidos a consecuencia de la resolución judicial[93]. En este sentido, la jurisprudencia menor confirma que las medidas, en caso de tratarse del concursado persona jurídica, puedan dirigirse contra sus administradores y liquidadores, de hecho o de derecho (art. 1.2 LORC), pero sin poder ampliarse más el ámbito de aplicación subjetivo (AAP Pontevedra 9 septiembre 2009).

La LORC solo se refiere a las «decisiones estimatorias». Ello implica que para la impugnación de las decisiones desestimatorias de las medidas previstas en el art. 1 LORC deban seguirse los trámites previstos en el art. 546 TRLC, esto es, podrá interponerse únicamente recurso de reposición. En otro caso, no se entendería bien la expresión utilizada por el legislador en el precepto, refiriéndose solo a las deci-

---

93. BELLIDO PENADÉS, R., ob. cit., p. 281; y PEITEADO MARISCAL, P., ob. cit., p. 164.

siones «estimatorias»[94]. Así, al tratarse de un auto dictado por el Juez del concurso, dentro de la sección primera *ex* art. 508.1 TRLC, que no viene excluido de todo recurso ni se la ha otorgado apelación, le resulta directamente de aplicación el art. 546 TRLC.

Hay, no obstante, otras tesis con respecto al régimen de recursos contra las resoluciones desestimatorias de las medidas establecidas en la LORC.

Por un lado, remitirse a la ley procesal civil, en concreto al art. 741.3 LEC. En este caso, el camino pasaría por recurrir en apelación el auto de desestimación de las medidas. Sin embargo, no lo considero correcto, principalmente porque no se explica el motivo para soslayar la aplicación del art. 546 TRLC y, adicionalmente, por las dificultades teóricas para encuadrar las medidas de la LORC dentro de las medidas cautelares reguladas en la LEC[95], que impiden aplicar el régimen de recursos regulado en el título VI del libro III de la LEC. De hecho, incluso el legislador evita utilizar el término «medidas cautelares» en los arts. 1 LORC y 105 TRLC, siendo, pues, indicativo de su voluntad (suelen buscarse términos alternativos: medidas de investigación, restrictivas, coactivas, coercitivas, de intervención del patrimonio del deudor, etc.).

Para otro sector doctrinal, el silencio en la LORC en torno a la posibilidad de recurrir las decisiones desestimatorias

---

94. Díaz Echegaray, J.L., *Manual práctico de derecho concursal. La Ley Concursal tras la reforma de la Ley 38/2011*, Experiencia, Barcelona, 2012, p. 142; y Peiteado Mariscal, P., ob. cit., p. 164.

95. Asencio Mellado, J.M., en *Ley Concursal. Comentarios, Jurisprudencia y Formularios* (Coord. Gallego Sánchez, E.), La Ley, Madrid, 2005, t. I, p. 236; González García, S., ob. cit.; y Ortells Ramos, M., en *Las claves...* (Dir. Quintana Carlo, I.; Bonet Navarro, Á. y García-Cruces González, J.A.), cit., p. 120. En contra: Garnica Martín, J., en *Comentarios a la Ley Concursal* (Coord. Sagrera Tizón, J.M.; Sala Reixachs, A. y Ferrer Barriendos, A.), Bosch, Barcelona, 2004, t. I, p. 64.

debe entenderse como inadmisibilidad de todo recurso[96]. Si bien el actual art. 546 TRLC impide asumir esta teoría (ya que un auto dictado por el Juez del concurso únicamente puede excluirse de recurso cuando la norma así lo establezca expresamente, y no es el caso), se aportaron razones de peso para sustentar esa opinión, como la libre configuración del recurso por parte del legislador en materia civil y, en particular, la problemática que sobrevendría a un auto adoptando unas medidas, pero rechazando la adopción de otras. ¿Cuál sería en ese caso el régimen de recursos? Una misma resolución judicial daría lugar a dos clases de recursos dependiendo de quien fuera la parte recurrente: unos podrían apelarlo y otros solo estarían legitimados a formular reposición. Ciertamente, no deja de ser una opción poco técnica[97], que generaría disfunciones procedimentales, obligando a un especial rigor por parte de los Tribunales a la hora de indicar correctamente la instrucción de recursos en las resoluciones que se dicten en este ámbito —que, dicho sea de paso, no siempre se cumple (AJM 1 Alicante 22 mayo 2009[98])—.

La legitimación para interponer el recurso de reposición contra la desestimación de la medida recaería sobre el solicitante y la AC, como representante y defensora de los intereses generales del concurso.

---

96. BELLIDO PENADÉS, R., ob. cit., p. 284; y DÍAZ MARTÍNEZ, M., *El proceso concursal*, Ramón Areces, Madrid, 2009, p. 122.
97. PEITEADO MARISCAL, P., ob. cit., p. 166.
98. En esta resolución judicial se acordaba el deber de residencia del deudor en una determinada población, pero rechazaba la prohibición de salir del territorio nacional también solicitada, ergo se producía una estimación parcial. Sin embargo, en el pie de recurso se informaba de la posibilidad de interponer recurso de apelación contra el mismo, sin diferenciar que, frente a la desestimación de la medida consistente en prohibir la salida de España cabía, en realidad, recurso de reposición.

En este orden de ideas, compartimos la opinión doctrinal mayoritaria de que el Ministerio Fiscal carece de legitimación para recurrir[99]. Toda vez que el Fiscal parece no estar legitimado para instar la medida, tampoco debería reconocérsele legitimación para recurrir su desestimación, máxime cuando no es parte necesaria dentro del procedimiento concursal. Su informe del art. 1.3 LORC tampoco es vinculante, lo que refuerza la idea de que su falta de legitimación para recurrir la decisión judicial que se adopte. No obstante lo cual, existe alguna opinión que defiende lo contrario, sobre la base de que la LORC no niega expresamente su legitimación[100]. Sin embargo, dado que tras la reforma de la Ley 16/2022 se ha suprimido la intervención preceptiva del Ministerio Fiscal dentro de la sección de calificación, no podrá alegarse su inclusión dentro del grupo de «interesados» referido en el art. 1.1 LORC como legitimados para solicitar —y, en su caso, recurrir— la medida, pues al Fiscal le es indiferente que la pieza de calificación se pueda afrontar con mayores garantías mediante el aseguramiento del patrimonio del deudor, o incluso el de sus administradores o liquidadores, tal y como se pretende con las medidas de la LORC.

El recurso de apelación no tendrá efectos suspensivos respecto de las medidas adoptadas y al mismo deberá dársele una tramitación preferente, según indica el art. 1.6 LORC, y reitera el art. 548 TRLC. Por tanto, todos los órganos jurisdiccionales que intervengan en la tramitación del recurso deberán darle prioridad respecto al resto de asuntos que tengan pendientes de tratar.

---

99. BELLIDO PENADÉS, R., ob. cit., p. 282; y PEITEADO MARISCAL, P., ob. cit., p. 165.

100. MARTÍNEZ FLORES, A. y OLEIO, F., en *Comentario de la Ley Concursal* (Dir. ROJO FERNÁNDEZ-RIO, Á. y BELTRÁN SÁNCHEZ, E.), Civitas, Madrid, 2004, t. I, p. 847.

XIII. CONCLUSIONES

I. Las medidas cautelares anteriores a la declaración del concurso necesario se regulan en el art. 18 TRLC. Su finalidad es asegurar la integridad del patrimonio del deudor antes de acordar judicialmente su declaración en concurso. Lo verdaderamente complicado radica en cómo articular las posibilidades de defensa del afectado por la medida cautelar. Hay varias posibilidades (tramitar la oposición conforme a lo previsto en el art. 739 LEC, aprovechar el trámite que otorga al deudor el art. 14.2.2º TRLC para oponerse o facultar la contradicción mediante los recursos legalmente establecidos), pero ninguna de ellas carece de inconvenientes. Contra el auto que resuelva sobre la oposición a la adopción de la medida cautelar cabe recurso de apelación.

II. Las medidas cautelares en el auto de declaración de concurso se regulan en el art. 28.3 TRLC. Persiguen garantizar y salvaguardar el patrimonio del deudor desde la declaración del concurso y hasta que la AC designada acepte el cargo. No se consideran verdaderas medidas cautelares. El procedimiento consistiría en la adopción de la medida de oficio por el Juez al dictar el auto de declaración de concurso, sin ningún trámite intermedio. Y el medio de impugnación frente a la adopción de tales medidas sería únicamente el recurso de reposición.

III. El embargo de bienes en los concursos de persona jurídica cuando, bajo determinadas exigencias, resulte fundada la posibilidad de declararse la culpabilidad del concurso o de que la masa activa sea insuficiente para satisfacer todas las deudas se regulan en el art. 133 TRLC. El trámite procedimental que debe seguirse es el propio de la legislación procesal común, pero con las particularidades previstas en dicho precepto: adopción de oficio o petición mediante solicitud razonada e inexistencia de caución. Contra el auto que resuelva sobre la medida cautelar (acordándola o rechazándola), cualquier afectado podrá interponer recurso de apelación. En el caso de haberse adoptado la cautelar *inaudita parte* (art. 733.2 LEC), entonces, contra el inicial auto que decida sobre la tutela cautelar impetrada, no procederá el recurso de apelación, sino que los afectados podrán oponerse a la medida por los trámites de la oposición prevista en los arts. 739 y ss. LEC y el auto que la resuelva será contra el que podrá interponerse el recurso de apelación.

IV. El art. 261.5 TRLC establece la adopción de medidas cautelares en casos de reconocimiento de créditos sometidos a condiciones resolutorias o suspensivas. El trámite procedimental no se encuentra regulado, existiendo dos opciones válidas: o bien siguiendo lo previsto en la LEC; o bien mediante un procedimiento escrito, con audiencia a los afectados, pero sin celebrar vista. A la vista de esta dualidad, el régimen de recursos también se desdobla, con lo que cabría apelación directa en el primer caso o recurso de reposición en el segundo.

V. El art. 313 TRLC regula las medidas cautelares en orden a la modificación de la lista definitiva de acreedores. Se pretende garantizar la tutela pretendida tras la tramitación de la modificación de la lista definitiva de acreedores. Respecto a la tramitación procesal, deberían seguirse los trámites previstos en los arts. 730 y ss. LEC con la salvedad de sustituir el trámite de la vista por uno escrito. Contra el auto resolviendo esta clase de cautelares cabría recurso de apelación directo (pero sin descartar de plano la aplicación del régimen general del TRLC en esta materia, esto es, mediante el recurso de reposición).

VI. El art. 387 TRLC regula las medidas cautelares en el trámite de oposición al convenio. La finalidad que persiguen es evitar que, mientras se encuentre sustanciando el incidente de oposición al convenio, puedan surgir circunstancias que acaben por impedir la efectividad de una sentencia que al final apruebe el convenio. Estas medidas no se consideran medidas cautelares en el sentido técnico empleado por la LEC, sino, más bien, una mera facultad del Juez del concurso. El procedimiento a seguir consistiría en conceder un trámite de audiencia al deudor, a la AC y a las partes personadas, resolviéndose posteriormente por auto, contra el que cabría solamente recurso de reposición.

VII. Los arts. 432.2 y 434.2 TRLC regulan medidas cautelares en relación con el pago de créditos con privilegio general y ordinarios para asegurar la efectividad del cobro de tales créditos. Existen dudas de que estas medidas compartan naturaleza y características con las cautelares de la LEC. La tramitación procesal consistiría en otorgar un plazo a la AC, al deudor y a las partes al objeto de alegar lo que consideren pertinente respecto de las medidas a adoptar por el Juez y resolver tras ello mediante auto, el cual podría ser impugnado únicamente mediante recurso de reposición.

VIII. El art. 520 TRC se encarga de regular la adopción de medidas cautelares en el procedimiento concursal a solicitud de Jueces o Tribunales del orden jurisdiccional penal. Apenas se prevén aspectos procedimentales. De todos modos, difícilmente se puede caracterizar la actuación como medida cautelar en los términos que viene regulada en la legislación procesal civil común. Más bien estaríamos ante una suerte de cooperación o auxilio entre dos órganos judiciales. La decisión del Juez mercantil deberá revestir la forma de auto y será recurrible únicamente en reposición.

IX. Después de la comunicación apertura de negociaciones del deudor, las solicitudes de concurso presentadas por otros legitimados distintos no se admitirán a trámite mientras no transcurra el plazo de tres meses a contar desde la fecha de la comunicación y aquellas solicitudes de la misma clase presentadas antes de la comunicación, pero aún no admitidas a trámite, quedarán en suspenso. El art. 610.3 TRLC permite al Juez adoptar medidas cautelares que tengan relación con esas solicitudes de concurso necesario y, lógicamente, tendrán carácter conservativo a fin de evitar que el deudor pueda desarrollar conductas tendentes a minorar, ocultar o perjudicar su patrimonio y que la situación de insolvencia empeore. Lo más razonable, a la vista de la naturaleza del procedimiento de comunicación de inicio de negociaciones y su limitación temporal, es una tramitación escrita de la solicitud, con audiencia de las partes interesadas por escrito y resolución mediante auto. Este será recurrible únicamente en reposición.

X. El art. 699 *bis*.7 TRLC faculta al Juez para adoptar las medidas cautelares oportunas en los casos de impugnación del auto de apertura de la liquidación por frustración del plan de continuación en el procedimiento especial para microempresas. Tampoco se indica la tramitación procedimental, por lo que debería recurrirse a un procedimiento enteramente escrito para su resolución. El auto que dicte el Juez adoptando las medidas cautelares no podrá ser recurrido, por aplicación de la norma general de irrecurribilidad de autos y sentencias en el procedimiento especial para microempresas.

XI. El art. 748 TRLC regula, mediante dos tipos de medidas, el régimen de tutela cautelar internacional cuando se haya incoado un procedimiento principal de insolvencia en el extranjero. Para las del art. 748.1 TRLC, se aplica la Ley

29/2015, de 30 de julio, de cooperación jurídica internacional en materia civil, en lo relativo a su tramitación procesal. El auto de *exequátur* puede recurrirse en apelación y, en su caso, casación. Y respecto de las medidas del art. 748.2 TRLC, su tramitación procesal y recursos debe acomodarse a lo establecido en el título VI de la LEC.

XII. Las medidas que en el seno del proceso concursal pueden llegar a afectar a los derechos fundamentales y libertades públicas del concursado vienen referidas en el art. 105 TRLC, con una remisión expresa a la LORC. Pueden ser la intervención de las comunicaciones del deudor, el deber de residencia del deudor en determinada población o la entrada y registro en el domicilio del deudor. Su tramitación procesal es la que se regula específicamente en el art. 1 LORC: en función del tipo de concurso puede iniciarse de oficio o a instancia de parte, posteriormente se oye al Ministerio Fiscal y finalmente el Juez resuelve por auto. Contra los autos estimatorios cabe interponer recurso de apelación directo y, frente a los desestimatorios, recurso de reposición únicamente.

Referencias bibliográficas

Ariza Colmenarejo, M.J., «Medidas cautelares en el proceso de declaración y otras medidas del procedimiento concursal», en *Tratado de Derecho Mercantil, Vol. 7: Derecho Procesal Concursal* (Dir. Olivencia Ruiz, M., Fernández-Novoa Rodríguez, C. y Jiménez De Parga Cabrera, R.), Marcial Pons, Madrid, 2008.

Armenta Deu, T., *Lecciones de Derecho procesal civil*, Marcial Pons, Madrid, 2023.

Asencio Mellado, J.M., en *Ley Concursal. Comentarios, Jurisprudencia y Formularios* (Coord. Gallego Sánchez, E.), La Ley, Madrid, 2005.

Aznar Giner, E., *La comunicación preconcursal de apertura de negociaciones, planes de reestructuración, insolvencia y concurso de acreedores*, Tirant lo Blanch, Valencia, 2022.

Bellido Penadés, R., *El procedimiento de declaración de concurso*, Civitas, Madrid, 2010.

Beltrán Sánchez, E., en *Comentario de la Ley Concursal* (Dir. Rojo Fernández-Rio, Á. y Beltrán Sánchez, E.), Civitas, Madrid, 2004.

Blasco Gascó, F.P., «El embargo de bienes de los administradores en el concurso», *Anuario de Derecho Concursal*, 14, 2008, [en línea] https://insignis.aranzadidigital.es [consulta: 13/03/2024].

Calaza López, S., en *Derecho Concursal y Preconcursal* (Dir. Gallego Sánchez, E.), Tirant lo Blanch, Valencia, 2022.

CALDERÓN CUADRADO, M.P., en *Comentario de la Ley Concursal* (Dir. ROJO FERNÁNDEZ-RIO, Á. y BELTRÁN SÁNCHEZ, E.), Civitas, Madrid, 2004.

CHOCRÓN GIRÁLDEZ, A.M., «Consideraciones en torno a la tutela cautelar en el procedimiento judicial de concurso a la luz de la primera doctrina judicial», *Diario La Ley*, 7131, 2009 [consulta: 13/03/2024].

CORDÓN MORENO, F., en *Comentario a la Ley Concursal* (Dir. PULGAR EZQUERRA, J.), Wolters Kluwer, Madrid, 2020.

—, *Proceso Concursal*, Aranzadi, Pamplona, 2013.

CORTÉS DOMÍNGUEZ, V., «La naturaleza jurídica de la declaración judicial de concurso», en *Tratado de Derecho Mercantil, Vol. 7: Derecho Procesal Concursal* (Dir. OLIVENCIA RUIZ, M.; FERNÁNDEZ-NOVOA RODRÍGUEZ, C. y JIMÉNEZ DE PARGA CABRERA, R.), Marcial Pons, Madrid, 2008.

DÍAZ ECHEGARAY, J.L., *Manual práctico de derecho concursal. La Ley Concursal tras la reforma de la Ley 38/2011*, Experiencia, Barcelona, 2012

DÍAZ MARTÍNEZ, M., *El proceso concursal*, Ramón Areces, Madrid, 2009.

ETXARANDIO HERRERA, E.J., *Manual de Derecho Concursal*, La Ley, Madrid, 2009.

FERNÁNDEZ PÉREZ, N., en *Derecho Concursal y Preconcursal* (Dir. GALLEGO SÁNCHEZ, E.), Tirant lo Blanch, Valencia, 2022.

FERNÁNDEZ SEIJO, J.M., en *Comentarios al articulado del Texto Refundido de la Ley Concursal* (Dir. PEINADO GRACIA, J.I. y SANJUÁN MUÑOZ, E.), Sepin, Madrid, 2020.

FUENTES BUJALANCE, A., en *Comentarios al articulado del Texto Refundido de la Ley Concursal* (Dir. PEINADO GRACIA, J.I. Y SANJUÁN MUÑOZ, E.), Sepin, Madrid, 2020.

FUENTES DEVESA, R., en *Comentarios al articulado del Texto Refundido de la Ley Concursal* (Dir. PEINADO GRACIA, J.I. y SANJUÁN MUÑOZ, E.), Sepin, Madrid, 2020.

GARCÍA ESCOBAR, G.A., *El sentido de la institución concursal: los principios del concurso*, Universidad de Granada, Granada, 2016.

—, en *Comentario al Texto Refundido de la Ley Concursal* (Dir. VEIGA COPO, A.), Aranzadi, Pamplona, 2021.

GARCÍA GARCÍA E. e IBORRA, C., «Un catálogo de medidas cautelares», *Anuario de Derecho Concursal*, 12, 2007, [en línea] https://insignis.aranzadidigital.es [consulta: 13/03/2024].

GARNICA MARTÍN, J., en *Comentarios a la Ley Concursal* (Coord. SAGRERA TIZÓN, J.M.; SALA REIXACHS, A. y FERRER BARRIENDOS, A.), Bosch, Barcelona, 2004.

GÓMEZ COLOMER, J.L., *Derecho Jurisdiccional II: Proceso Civil* (con MONTERO AROCA, J., BARONA VILAR, S. y CALDERÓN CUADRADO, M.P.), Tirant lo Blanch, Valencia, 2019.

GÓMEZ SOLER, E., *El incidente concursal*, Wolters Kluwer, Madrid, 2016.

GONZÁLEZ FERNÁNDEZ, B., en *Comentarios al articulado del Texto Refundido de la Ley Concursal* (Dir. PEINADO GRACIA, J.I. y SANJUÁN MUÑOZ, E.), Sepin, Madrid, 2020.

GONZÁLEZ GARCÍA, J.M., en *Comentario a la Ley Concursal* (Dir. PULGAR EZQUERRA, J.), Wolters Kluwer, Madrid, 2020.

GONZÁLEZ GARCÍA, S., «Tutela cautelar y concurso de acreedores», *Revista General de Derecho Procesal*, 47, 2019, [en línea] https://www.iustel.com/v2/revistas [consulta: 13/03/2024].

GONZÁLEZ PACHÓN, L., *La desprivatización y desjudicialización del derecho de insolvencia: especial referencia a los acuerdos de refinanciación*, Marcial Pons, Madrid, 2021.

GUERRERO PALOMARES, S., *Derecho Procesal Concursal*, Tirant lo Blanch, Valencia, 2020.

GURREA MARTÍNEZ, A., «Hacia la supresión de la calificación del concurso», *Revista de Derecho Concursal y Paraconcursal*, 28, 2018, [en línea] https://laleydigital.laleynext.es [consulta: 13/03/2024].

GUTIÉRREZ GILSANZ, A., «Improcedencia de medidas cautelares para créditos litigiosos existiendo convenio concursal de espera», *Diario La Ley*, 8252, 2014, [en línea] https://laleydigital.laleynext.es [consulta: 13/03/2024].

HEREDIA CERVANTES, I. y THERY MARTÍ, A., en *Comentarios al articulado del Texto Refundido de la Ley Concursal* (Dir. PEINADO GRACIA, J.I y SANJUÁN MUÑOZ, E.), Sepin, Madrid, 2020.

HUALDE LÓPEZ, I., *La tutela cautelar en los procesos mercantiles*, Aranzadi, Pamplona, 2020.

LÓPEZ GARCÍA, P., «El beneficio de la justicia gratuita del demandado como fundamento del peligro en la demora de la medida cautelar», *Actualidad Civil*, 12, 2020 [en línea] https://laleydigital.laleynext.es [consulta: 13/03/2024].

LÓPEZ SÁNCHEZ, J., *El proceso concursal*, Aranzadi, Pamplona, 2012.

MARTÍNEZ FLORES, A. y OLEIO, F., en *Comentario de la Ley Concursal* (Dir. ROJO FERNÁNDEZ-RIO, Á. y BELTRÁN SÁNCHEZ, E.), Civitas, Madrid, 2004.

MOLINA LÓPEZ, F., en *Comentario al Texto Refundido de la Ley Concursal* (Dir. PRENDES CARRIL, P. y FACHAL NOGUER, N.), Aranzadi, Pamplona, 2021.

ORTELLS RAMOS, M., en *Las claves de la Ley Concursal* (Dir. QUINTANA CARLO, I.; BONET NAVARRO, Á. y GARCÍA-CRUCES GONZÁLEZ, J.A.), Aranzadi, Pamplona, 2005.

— en *Derecho Procesal Civil* (Dir. ORTELLS RAMOS, M.), Aranzadi, Pamplona, 2018.

PAREDES PÉREZ, J.I., en *Comentario al Texto Refundido de la Ley Concursal* (Dir. VEIGA COPO, A.), Aranzadi, Pamplona, 2021.

PEITEADO MARISCAL, P., *La declaración de concurso*, Civitas, Madrid, 2005.

QUIJANO GONZÁLEZ, J., en *Comentarios al articulado del Texto Refundido de la Ley Concursal* (Dir. PEINADO GRACIA, J.I. y SANJUÁN MUÑOZ, E.), Sepín, Madrid, 2020.

REVILLA GONZÁLEZ, J.A., «Líneas generales del procedimiento concursal. Breve descripción de su contenido», en *Tratado de Derecho Mercantil*, Vol. 7: Derecho Procesal Concursal (Dir. OLIVENCIA RUIZ, M., FERNÁNDEZ-NOVOA RODRÍGUEZ, C. y JIMÉNEZ DE PARGA CABRERA, R.), Marcial Pons, Madrid, 2008.

RODRÍGUEZ MASEDA, J.C., «Sobre la naturaleza jurídica del auto de declaración de concurso», E-Dictvm, 124, 2022, [en línea] https://dictumabogados.com/articulos/sobre-la-naturaleza-juridica-del-auto-de-declaracion-del-concurso/ [consulta: 13/03/2024].

ROJO FERNÁNDEZ-RIO, Á. y TIRADO MARTÍ, I., en *Comentario de la Ley Concursal* (Dir. ROJO FERNÁNDEZ-RIO, Á. y BELTRÁN SÁNCHEZ, E.), Civitas, Madrid, 2004.

SÁNCHEZ MAGRO, A., en *Comentarios al articulado del Texto Refundido de la Ley Concursal* (Dir. PEINADO GRACIA, J.I. y SANJUÁN MUÑOZ, E.), Sepín, Madrid, 2020.

SÁNCHEZ PAREDES, M.L. y FLORES SEGURA, M., *Lecciones de Derecho Mercantil* (Dir. MENÉNDEZ MENÉNDEZ y ROJO FERNÁNDEZ-RIO), Civitas, Madrid, 2022.

SANJUÁN MUÑOZ, E., *Reestructuración y liquidación de microempresas en crisis. El procedimiento especial para microempresas y su régimen transitorio*, Tirant lo Blanch, Valencia, 2022.

SORIANO GUZMÁN, F.J., en *Comentarios al articulado del Texto Refundido de la Ley Concursal* (Dir. PEINADO GRACIA, J.I. y SANJUÁN MUÑOZ, E.), Sepín, Madrid, 2020.

VÁZQUEZ SOTELO, J.J., «La situación caótica y "laberíntica" de la legislación concursal española. Necesidad y aciertos de la Ley concursal», *La Ley, Revista jurídica española de doctrina, jurisprudencia y bibliografía*, 4, 2003, [en línea] https://laleydigital.laleynext.es [consulta: 13/03/2024].

REFERENCIAS JURISPRUDENCIALES

Tribunal Constitucional (Pleno). Sentencia núm. 14/1992 de 10 de febrero. Ponente: Jesús Leguina Villa.

Tribunal Constitucional (Pleno). Sentencia núm. 238/1992 de 17 de diciembre. Ponente: Luis López Guerra.

Juzgado de lo Mercantil núm. 4 de Madrid. Auto de 3 enero 2005. Procedimiento núm. 2/2004. Ponente: Enrique García García.

Juzgado de lo Mercantil núm. 1 de Cádiz. Auto de 13 octubre 2005. Procedimiento núm. 161/2005. Ponente: Nuria Auxiliadora Orellana Cano.

Audiencia Provincial de León (Sección 1ª). Auto núm. 314/2005 de 30 diciembre. Ponente: Manuel García Prada.

Juzgado de lo Mercantil núm. 4 de Madrid. Auto de 3 enero 2006. Procedimiento núm. 577/2005. Ponente: Enrique García García

Audiencia Provincial de Barcelona (Sección 15ª). Auto núm. 48/2006 de 6 febrero. Ponente: Ignacio Sancho Gargallo.

Juzgado de lo Mercantil núm. 1 de Barcelona. Auto de 13 de febrero de 2006. Procedimiento núm. 697/2005. Ponente: Enrique Grande Bustos.

Audiencia Provincial de Tarragona (Sección 1ª). Auto núm. 32/2006 4 de abril. Ponente: José Luis Portugal Sainz.

Audiencia Provincial de Barcelona (Sección 15ª). Auto núm. 151/2006 de 20 abril. Ponente: Luis Garrido Espá.

Audiencia Provincial de Madrid (Sección 9ª). Auto núm. 210/2006 de 9 junio. Ponente: Juan Luis Gordillo Álvarez Valdés.

Audiencia Provincial de Santa Cruz de Tenerife (Sección 4ª). Auto núm. 117/2006 de 5 de septiembre. Ponente: Emilio Fernando Suárez Díaz.

Audiencia Provincial de Barcelona (Sección 15ª). Auto de 16 enero 2007. Procedimiento núm. 359/2006. Ponente: Ignacio Sancho Gargallo.

Audiencia Provincial de Tarragona (Sección 1ª). Auto núm. 46/2007 de 2 mayo. Ponente: José Luis Portugal Sainz.

Audiencia Provincial de Zaragoza (Sección 5ª). Auto núm. 599/2007 de 31 octubre. Ponente: Javier Seoane Prado.

Juzgado de lo Mercantil núm. 5 de Barcelona. Auto de 25 enero 2008. Procedimiento núm. 520/2007. Ponente: Francisco de Borja Villena Cortés.

Audiencia Provincial de Madrid (Sección 28ª). Sentencia núm. 31/2008 de 5 febrero. Ponente: Rafael Saraza Jimena.

Audiencia Provincial de las Islas Baleares (Sección 5ª). Auto núm. 116/2008 de 16 septiembre. Ponente: Santiago Oliver Barceló.

Juzgado de lo Mercantil núm. 1 de Madrid. Auto de 9 octubre 2008. Ponente: Antoni Frigola i Riera.

Audiencia Provincial de Madrid (Sección 28ª). Auto núm. 225/2008 de 6 noviembre. Ponente: Alberto Arribas Hernández.

Juzgado de lo Mercantil núm. 1 de Bilbao. Auto núm. 598/2008 de 17 noviembre. Ponente: Edmundo Rodríguez Achutegui

Juzgado de lo Mercantil núm. 3 de Barcelona. Auto de 4 diciembre 2008. Procedimiento núm. 944/2008. Ponente: José María Fernández Seijo.

Juzgado de lo Mercantil núm. 3 de Barcelona. Auto de 18 mayo 2009. Procedimiento núm. 943/2009. Ponente: José María Fernández Seijo.

Juzgado de lo Mercantil núm. 1 de Alicante. Auto de 22 mayo 2009. Procedimiento núm. 428/2008. Ponente: Rafael Fuentes Devesa.

Audiencia Provincial de Tarragona (Sección 1ª). Auto núm. 65/2009 de 17 junio. Ponente: Sergio Nasarre Aznar.

Tribunal Supremo (Sala de lo Civil, Sección1ª). Auto de 26 junio 2009. Procedimiento núm. 1128/2008. Ponente: Ignacio Sierra Gil de la Cuesta.

Audiencia Provincial de Pontevedra (Sección 1ª). Auto núm. 142/2009 de 9 septiembre. Ponente: Jacinto José Pérez Benítez.

Audiencia Provincial de Barcelona (Sección 15ª). Auto núm. 220/2009 de 17 diciembre. Ponente: Ignacio Sancho Gargallo.

Audiencia Provincial de Cádiz (Sección 5ª). Auto núm. 18/2010 de 4 febrero. Ponente: Ángel Luis Sanabria Parejo.

Tribunal Supremo (Sala de lo Civil, Sección1ª). Sentencia núm. 227/2010 de 22 abril. Jesús Eugenio Corbal Fernández.

Audiencia Provincial de Madrid (Sección 28ª). Auto núm. 152/2010 de 5 noviembre. Ponente: Enrique García García.

Audiencia Provincial de Sevilla (Sección 5ª). Auto núm. 225/2010 de 12 noviembre. Ponente: Fernando Sanz Talayero.

Audiencia Provincial de Vizcaya (Sección 4ª). Auto núm. 313/2011 de 29 abril. Ponente: Ana Belén Iracheta Undagoitia.

Juzgado de lo Mercantil núm. 1 de Las Palmas de Gran Canaria. Auto núm. 13/2011 de 1 julio. Ponente: Jesús Miguel Alemany Eguidazu.

Audiencia Provincial de Santa Cruz de Tenerife (Sección 4ª). Auto núm. 169/2011 de 16 diciembre. Ponente: Emilio Fernando Suárez Díaz.

Juzgado de lo Mercantil núm. 6 de Madrid. Auto de 30 marzo 2012. Procedimiento núm. 241/2012. Ponente: Francisco Javier Vaquer Martín.

Juzgado de lo Mercantil núm. 2 de La Coruña. Auto de 11 enero 2013. Procedimiento núm. 16/2013. Ponente: María Zulema Gento Castro.

Juzgado de lo Mercantil núm. 2 de Madrid. Auto de 14 junio 2013. Procedimiento núm. 429/2013. Ponente: Andrés Sánchez Magro.

Juzgado de lo Mercantil núm. 8 de Madrid. Auto de 14 marzo 2014. Procedimiento núm. 548/2013. Ponente: Francisco de Borja Villena Cortés.

Audiencia Provincial de Madrid (Sección 28ª). Auto núm. 19/2015 de 26 enero. Ponente: Pedro Gómez Sánchez.

Audiencia Provincial de Madrid (Sección 28ª). Auto núm. 38/2015 de 13 febrero. Ponente: Enrique García García.

Juzgado de lo Mercantil núm. 12 de Madrid. Auto núm. 166/2015 de 18 marzo. Ponente: Ana María Gallego Sánchez.

Audiencia Provincial de Alicante (Sección 8ª). Auto núm. 99/2015 de 11 diciembre. Ponente: Luis Antonio Soler Pascual.

Audiencia Provincial de Madrid (Sección 28ª). Auto núm. 81/2016 de 30 mayo. Ponente: Ángel Galgo Peco.

Juzgado de lo Mercantil núm. 6 de Madrid. Auto de 5 septiembre 2016. Procedimiento núm. 505/2006. Ponente: Francisco Javier Vaquer Martín.

Juzgado de lo Mercantil núm. 2 de Bilbao. Auto de 26 septiembre 2016. Procedimiento núm. 2/2016. Ponente: Olga Ahedo Peña.

Audiencia Provincial de Cantabria (Sección 4ª). Auto núm. 54/2017 de 24 abril. Ponente: María Del Mar Hernández Rodríguez.

Juzgado de lo Mercantil núm. 6 de Madrid. Auto de 15 junio 2017. Procedimiento núm. 866/2016. Ponente: Francisco Javier Vaquer Martín.

Audiencia Provincial de Sevilla (Sección 5ª). Auto núm. 28/2018 de 20 febrero. Ponente: Fernando Sanz Talayero.

Juzgado de lo Mercantil núm. 1 de Palma de Mallorca. Auto de 3 octubre 2019. Procedimiento núm. 1250/2019. Ponente: Víctor Heredia del Real.

Audiencia Provincial de Valencia (Sección 9ª). Auto núm. 31/2020 de 3 febrero. Ponente: Luis Seller Roca de Togores.

Juzgado de lo Mercantil núm. 2 de Málaga. Auto de 15 febrero 2021. Procedimiento núm. 206/2021. Ponente: María del Rocío Marina Coll

Juzgado de lo Mercantil núm. 3 de Barcelona. Auto núm. 444/2021 de 15 junio. Ponente: Isabel Giménez García.

Juzgado de lo Mercantil núm. 6 de Barcelona. Auto núm. 407/2021 de 15 noviembre. Ponente: César Amabilio Suárez Vázquez.

Juzgado de lo Mercantil núm. 12 de Barcelona. Auto núm. 105/2022 de 4 marzo. Ponente: José María Fernández Seijo.

Juzgado de lo Mercantil núm. 13 de Madrid. Auto núm. 128/2022 de 27 mayo. Ponente: Bárbara María Córdoba Ardao.

FORMULARIO DE SOLICITUD DE MEDIDAS CAUTELARES

AL JUZGADO DE PRIMERA INSTANCIA NÚM. * DE *

[En su caso]*, Procurador/a de los Tribunales, en nombre y representación de *, tal y como se acredita mediante copia de [escritura pública/apud acta] que se acompaña como Documento 1, ante este Juzgado comparezco bajo la defensa técnica de * colegiado núm. * del Ilustre Colegio de la Abogacía de *, y como mejor proceda en Derecho, DIGO:

Que, al amparo de lo dispuesto en los arts. 730. * y 727.*LEC, por medio del presente escrito solicito la ADOPCIÓN DE MEDIDA CAUTELAR [COETÁNEA A LA DEMANDA/CON ANTERIORIDAD A LA PRESENTACIÓN DE LA DEMANDA/CON POSTERIORIDAD A LA PRESENTACIÓN DE LA DEMANDA] DE [CLASE DE MEDIDA CAUTELAR] DE [OBJETO DE LA MEDIDA CAUTELAR] DE LA PARTE DEMANDADA, cuyos datos de identificación constan en autos, y ello sobre la base de los siguientes

HECHOS:

1º. ANTECEDENTES.
*

2º. [En su caso] RAZONES DE URGENCIA O NECESIDAD PARA ADOPTAR LA MEDIDA CAUTELAR ANTES DE LA DEMANDA.
*

3º. [En su caso] HECHO NUEVO ACAECIDO RECIENTE-MENTE Y QUE MOTIVA LA TUTELA CAUTELAR INTERE-SADA CON POSTERIORIDAD A LA DEMANDA.
*

4º. APARIENCIA DE BUEN DERECHO.
El art. 728.2 LEC dice: «El solicitante de medidas cautelares también habrá de presentar con su solicitud los datos, argumentos y justificaciones documentales que conduzcan a fundar, por parte del Tribunal, sin prejuzgar el fondo del asunto, un juicio provisional e indiciario favorable al fundamento de su pretensión. En defecto de justificación documental, el solicitante podrá ofrecerla por otros medios de prueba, que deberá proponer en forma en el mismo escrito».
Esta apariencia de buen derecho queda acreditada con *.

5º. PELIGRO EN LA DEMORA.
Según el art. 728.1 LEC: «Sólo podrán acordarse medidas cautelares si quien las solicita justifica, que, en el caso de que se trate, podrían producirse durante la pendencia del proceso, de no adoptarse las medidas solicitadas, situaciones que impidieren o dificultaren la efectividad de la tutela que pudiere otorgarse en una eventual sentencia estimatoria. No se acordarán medidas cautelares cuando con ellas se pretenda alterar situaciones de hecho consentidas por el solicitante durante largo tiempo, salvo que éste justifique cumplidamente las razones por las cuales dichas medidas no se han solicitado hasta entonces».
El peligro en la demora se justifica con *.

6º. CAUCIÓN.

El art. 728.3 LEC establece que: «Salvo que expresamente se disponga otra cosa, el solicitante de la medida cautelar deberá prestar caución suficiente para responder, de manera rápida y efectiva, de los daños y perjuicios que la adopción de la medida cautelar pudiera causar al patrimonio del demandado».

A fin de cumplir con el presupuesto de la caución, se ofrece la cantidad de * euros (sin perjuicio de aceptar cualquier otra que, calculada prudentemente, sea requerida por este Juzgado).

7º. IDENTIFICACIÓN DE LA MEDIDA CAUTELAR SOLICITADA.

*

8. [En su caso] RAZONES DE URGENCIA PARA ADOPTAR LA MEDIDA CAUTELAR SIN AUDIENCIA DEL DEMANDADO.

*

Sin perjuicio de los principios *iura novit curia* y *da mihi factum, dabo tibi ius*, a los anteriores hechos les resultan de aplicación los siguientes

FUNDAMENTOS DE DERECHO

1º. JURISDICCIÓN Y COMPETENCIA.

Son competentes para conocer de la presente solicitud los Juzgados y Tribunales españoles y se dirige esta solicitud al Juzgado que * (art. 723.1 LEC).

2º. CAPACIDAD.

Las partes tienen capacidad para ser partes en el procedimiento y comparecer en juicio (arts. 6 y 7 LEC).

3°. LEGITIMACIÓN.

Corresponde la legitimación activa a mi mandante, por su condición de *, frente al demandado contra la que se dirige esta solicitud, quien ostenta la legitimación pasiva en su calidad de *.

4°. POSTULACIÓN PROCESAL.

Esta parte está representada por el Procurador/a que suscribe, asumiendo la defensa técnica el Letrada/o designado en el encabezamiento de la presente demanda (arts. 23 y 31 LEC).

5°. PRINCIPIO DE PRUEBA POR ESCRITO.

Cumpliendo lo previsto en los arts. 728.2 y 732.2 LEC, con la solicitud de la presente medida cautelar se han aportado documentos de los que se infiere claramente la viabilidad de las pretensiones jurídicas de esta parte.

6°. TRAMITACIÓN.

La tramitación se ajustará a lo dispuesto en [los arts. 732 y ss. LEC/los arts. 733.2 y 740 ss. LEC].

7°. MEDIDA CAUTELAR SOLICITADA.

La medida cautelar de * que se solicita aparece prevista en el art. 727.* LEC.

8°. PRESUPUESTOS.

En aras a evitar innecesarias reiteraciones, damos por reproducida la normativa y jurisprudencia citada en los hechos del presente escrito respecto de la concurrencia de los presupuestos para adoptar la medida cautelar solicitada (apariencia de buen derecho, peligro en la demora y ofrecimiento de caución).

9°. COSTAS.

Las costas deberán ser impuestas al demandado si se opusiere a la adopción de la medida cautelar propuesta.

En su virtud,

SUPLICO AL JUZGADO que, teniendo por presentado este escrito junto con sus documentos y/o copias, se sirva de admitirlo, y tenga por solicitada la adopción de medida cautelar * y tras los trámites legales oportunos, dicte Auto acordando:

— [Medida cautelar solicitada].
— La consignación, por esta parte, de € euros en concepto de caución.
— La condena en costas al demandado, en caso de oposición.

PRIMER OTROSÍ DIGO (MEDIOS DE PRUEBA) que, para acreditar la concurrencia de los presupuestos y requisitos que autorizan la adopción de la medida cautelar solicitada, propongo la práctica de los siguientes medios de prueba:

— DOCUMENTAL: por reproducidos los documentos acompañados a este escrito.
— TESTIFICAL consistente en que se reciba declaración en calidad de testigo a *, en su condición de *, a los efectos de *; solicitando su citación judicial en su domicilio sito en *.

Por lo que, nuevamente, SUPLICO AL JUZGADO que tenga por propuestos los anteriores medios de prueba y acuerde lo procedente para su práctica.

SEGUNDO OTROSÍ DIGO (DESIGNACIÓN DE ARCHIVOS A EFECTOS PROBATORIOS) que, de conformidad con lo dispuesto en el art. 265.2 LEC, se dejan designados a efectos probatorios cuantos archivos de organismos públicos y privados figuren mencionados en este escrito, expresa o tácitamente, consten en los documentos aportados, o se desprendan de los mismos. Por lo que, nuevamente, SUPLICO AL JUZGADO que tenga por hecha la anterior manifestación a los efectos legales oportunos.

TERCER OTROSÍ DIGO (SUBSANACION DE DEFECTOS) que es voluntad de esta parte el cumplir con los requisitos exigidos por la ley y se hace expreso ofrecimiento de subsanar los posibles defectos en que se incurran (art. 243.3 LOPJ).

Por lo que, nuevamente, SUPLICO AL JUZGADO que tenga por hechas las anteriores manifestaciones a los efectos legales oportunos.

En *, a * de * de *.

Fdo.: *   Fdo.: *
Procurador/a   Abogada/o

APÉNDICE LEGAL

I. PRECEPTOS DEL TEXTO REFUNDIDO DE LA LEY CONCURSAL

Artículo 18. Medidas cautelares anteriores a la declaración de concurso.

1. A petición del legitimado para instar el concurso necesario, el juez, al admitir a trámite la solicitud, podrá adoptar, de conformidad con lo previsto en la Ley 1/2000, de 7 de enero, de Enjuiciamiento Civil, las medidas cautelares que considere necesarias para asegurar la integridad del patrimonio del deudor.

2. El juez podrá pedir al solicitante que preste fianza para responder de los eventuales daños y perjuicios que las medidas cautelares pudieran producir al deudor si la solicitud de declaración de concurso resultara finalmente desestimada.

3. En el mismo auto en el que declare el concurso o desestime la solicitud, el juez se pronunciará necesariamente sobre las medidas cautelares que hubiera acordado antes de ese auto.

Artículo 28. Auto de declaración de concurso.

1. En todo caso, el auto de declaración de concurso contendrá los siguientes pronunciamientos:

1.º El carácter voluntario o necesario del concurso, con indicación, en su caso, de que el deudor ha presentado propuesta de convenio, ha solicitado la liquidación de la masa activa o ha presentado una oferta vinculante de adquisición de unidad o unidades productivas.

2.º Los efectos sobre las facultades de administración y disposición del deudor respecto de la masa activa.

3.º El nombramiento de la administración concursal, con expresión de las facultades del administrador o de los administradores concursales nombrados.

4.º El llamamiento a los acreedores para que pongan en conocimiento de la administración concursal la existencia de sus créditos en el plazo de un mes a contar desde el día siguiente a la publicación de la declaración de concurso en el «Boletín Oficial del Estado».

5.º La publicidad que haya de darse a la declaración de concurso.

2. En caso de concurso necesario, el auto deberá contener, además, el requerimiento al concursado para que, en el plazo de diez días a contar desde la notificación de la declaración de concurso, presente los mismos documentos que el deudor debe acompañar a la solicitud de concurso.

3. En el auto de declaración de concurso, el juez podrá acordar las medidas cautelares que considere necesarias para asegurar la integridad, la conservación o la administración de la masa activa hasta que el administrador o los administradores concursales acepten el cargo.

4. En caso de que el deudor fuera empleador, el auto de declaración de concurso se notificará a la representación legal de las personas trabajadoras aún en los supuestos en los que no se hubiese personado o no hubiera comparecido como parte en el procedimiento.

Artículo 105. Efectos sobre las comunicaciones, residencia y libre circulación del concursado. Los efectos de la declaración de concurso sobre los derechos y libertades fundamentales del concursado en materia de correspondencia, residencia y libre circulación serán los establecidos en la Ley Orgánica 8/2003, de 9 de julio, para la Reforma Concursal, por la que se modifica la Ley Orgánica 6/1985, de 1 de julio, del Poder Judicial.

Artículo 133. Embargo de bienes.
1. Desde la declaración de concurso de persona jurídica, el juez del concurso, de oficio o a solicitud razonada de la administración concursal, podrá acordar, como medida cautelar, el embargo de bienes y derechos de los administradores o liquidadores, de derecho y de hecho, y directores generales de la persona jurídica concursada así como de quienes hubieran tenido esta condición dentro de los dos años anteriores a la fecha de aquella declaración, cuando de lo actuado resulte fundada la posibilidad de que en la sentencia de calificación las personas a las que afecte el embargo sean condenadas a la cobertura total o parcial del déficit en los términos previstos en esta ley.
2. Desde la declaración de concurso de la sociedad, el juez, de oficio o a solicitud razonada de la administración concursal, podrá ordenar, como medida cautelar, el embargo de bienes y derechos del socio o socios personalmente responsables por las deudas de la sociedad anteriores a la declaración de concurso, cuando de lo actuado resulte fundada la posibilidad de que la masa activa sea insuficiente para satisfacer todas las deudas.
3. El embargo se acordará por la cuantía que el juez estime bastante y se practicará sin necesidad de caución con cargo a la masa activa.
4. A solicitud del afectado por la medida cautelar, el juez podrá acordar la sustitución del embargo por aval de entidad de crédito.

5. Contra el auto que resuelva sobre la medida cautelar cualquier afectado podrá interponer recurso de apelación.

Artículo 261. Créditos sometidos a condición.

1. Los créditos sometidos a condición resolutoria se reconocerán como condicionales y, en tanto no se cumpla la condición, disfrutarán de los derechos concursales que correspondan a su cuantía y clasificación.

2. En caso de cumplimiento de la condición, podrán anularse, a petición de parte, las actuaciones y decisiones en las que el acto, la adhesión o el voto del acreedor condicional hubiere sido decisivo. Las demás actuaciones se mantendrán, sin perjuicio del deber de devolución a la masa, en su caso, de las cantidades cobradas por el acreedor condicional, y de la responsabilidad en que dicho acreedor hubiere podido incurrir frente a la masa o frente a los acreedores.

3. Los créditos sometidos a condición suspensiva serán reconocidos en el concurso como créditos contingentes sin cuantía propia y con la clasificación que corresponda, admitiéndose a sus titulares como acreedores legitimados en el procedimiento sin más limitaciones que la suspensión de los derechos de adhesión, de voto y de cobro.

4. La confirmación del crédito contingente o su reconocimiento en sentencia firme o susceptible de ejecución provisional, otorgará a su titular la totalidad de los derechos concursales que correspondan a su cuantía y clasificación.

5. Cuando el juez del concurso estime probable el cumplimiento de la condición resolutoria o la confirmación del crédito contingente, podrá, a petición de parte, adoptar las medidas cautelares de constitución de provisiones con cargo a la masa, de prestación de fianzas por las partes y cualesquiera otras que considere oportunas en cada caso.

Artículo 313. Medidas cautelares en orden a la modificación de la lista definitiva de acreedores.
Cuando estime probable la introducción de la modificación pretendida, el juez del concurso, a petición del solicitante, podrá adoptar las medidas cautelares que en cada caso considere oportunas para asegurar la efectividad de la resolución a dictar.

Artículo 387. Medidas cautelares durante la tramitación de la oposición.
El juez, al admitir a trámite la oposición y emplazar a las demás partes para que contesten, podrá tomar cuantas medidas cautelares procedan para evitar que la demora derivada de la tramitación de la oposición impida, por sí sola, el cumplimiento futuro del convenio aceptado, en caso de desestimarse la oposición. Entre tales medidas cautelares podrá acordar que se inicie el cumplimiento del convenio aceptado, bajo las condiciones provisionales que determine.

Artículo 432. Pago de créditos con privilegio general.
1. Deducidos de la masa activa los bienes y derechos necesarios para satisfacer los créditos contra la masa y con cargo a los bienes no afectos a privilegio especial o al remanente que de ellos quedase una vez pagados estos créditos, se atenderá al pago de aquellos que gozan de privilegio general, por el orden establecido en esta ley y, en su caso, a prorrata dentro de cada número.
2. El juez podrá autorizar el pago de estos créditos sin esperar a la conclusión de las impugnaciones promovidas adoptando las medidas cautelares que considere oportunas en cada caso para asegurar su efectividad y la de los créditos contra la masa de previsible generación.

Artículo 434. Pago de créditos ordinarios con antelación.
1. En casos excepcionales, el juez, a solicitud de la administración concursal, podrá motivadamente autorizar la realización de pagos de créditos ordinarios con antelación cuando estime suficientemente cubierto el pago de los créditos contra la masa y de los créditos privilegiados.
2. El juez podrá también autorizar el pago de los créditos ordinarios antes de que concluyan las impugnaciones promovidas, adoptando en cada caso las medidas cautelares que considere oportunas para asegurar su efectividad y la de los créditos contra la masa de previsible generación.

Artículo 520. Medidas cautelares a solicitud de jueces o tribunales del orden jurisdiccional penal.
1. Admitida a trámite querella o denuncia criminal contra el deudor o por hechos que tuvieran relación o influencia en el concurso, será competencia exclusiva del juez del concurso, adoptar, a solicitud del juez o tribunal del orden jurisdiccional penal, cualquier medida cautelar de carácter patrimonial que afecte a la masa activa, incluidas las de retención de pagos a los acreedores inculpados en procedimientos criminales u otras análogas.
2. Las medidas cautelares acordadas en ningún caso deben impedir continuar la tramitación del procedimiento concursal, y se acordarán del modo más conveniente para garantizar la ejecución de los pronunciamientos patrimoniales de la eventual condena penal.
3. Las medidas cautelares acordadas no podrán alterar o modificar la clasificación de los créditos concursales, ni las preferencias de pagos establecida en esta ley.

Artículo 610. Efectos de la comunicación sobre la solicitud de concurso a instancia de legitimados distintos del deudor.
1. Las solicitudes de concurso presentadas después de la comunicación por otros legitimados distintos del deudor se repartirán al juzgado que hubiera tenido por efectuada la comunicación, pero no se admitirán a trámite mientras no transcurra el plazo de tres meses a contar desde la fecha de esa comunicación. Las presentadas antes de la comunicación aún no admitidas a trámite quedarán en suspenso.
2. Lo previsto en el apartado anterior se extenderá durante la prórroga de los efectos de la comunicación.
3. Las solicitudes suspendidas y las que se presenten con posterioridad a la expiración de los plazos anteriores solo se proveerán transcurrido un mes sin que el deudor hubiera solicitado la declaración de concurso, sin perjuicio de la adopción por el juez de las medidas cautelares que estime oportunas. Si el deudor solicita la declaración de concurso dentro de ese mes, esta se tramitará en primer lugar. Declarado el concurso a instancia del deudor, las solicitudes que se hubieran presentado antes y las que se presenten después de la del deudor se unirán a los autos, teniendo por comparecidos a los solicitantes.

Artículo 699 bis. Frustración del plan de continuación.
1. La falta de aprobación, el rechazo de la homologación por el juez, la estimación de la impugnación de la homologación o el incumplimiento del plan de continuación determinarán la apertura del procedimiento especial de liquidación, siempre que el deudor se encuentre en insolvencia actual.
2. En el caso de que no se hubieran alcanzado las mayorías necesarias, el juez declarará mediante auto la apertura de la liquidación en el mismo día o dentro de los dos días hábiles siguientes a la finalización del procedimiento escrito.

3. En el caso de rechazo de la homologación, el juez, en el mismo auto, acordará la apertura del procedimiento especial de liquidación.

4. En caso de estimación del recurso frente al auto de homologación, el juez acordará la apertura del procedimiento especial de liquidación el día siguiente al de la comunicación de la sentencia por la Audiencia Provincial.

5. Cuando, en el procedimiento especial de continuación, se hubiese nombrado a un experto en la reestructuración, la terminación del procedimiento de continuación implicará su cese automático.

6. En los supuestos anteriores, el deudor podrá impugnar el auto de apertura de la liquidación alegando que no se encuentra en insolvencia actual. Para ello, tendrá un plazo de cinco días hábiles desde la publicidad del auto de apertura. La impugnación se realizará mediante presentación de formulario normalizado, que irá acompañado de la documentación probatoria que considere conveniente. El juez podrá convocar a una vista tanto al deudor como a los acreedores o al experto en la reestructuración, si hubiese sido nombrado, dentro de los diez días hábiles siguientes a la presentación del formulario normalizado y resolverá oralmente, al final de la misma o dentro de los cinco días hábiles siguientes, si procede la tramitación del procedimiento especial de liquidación o, por el contrario, su conclusión.

7. La impugnación del auto de apertura de la liquidación no tendrá efectos suspensivos, sin perjuicio de las medidas cautelares que el juez considere oportunas.

Artículo 748. Medidas cautelares.

1. Las medidas cautelares adoptadas antes de la apertura de un procedimiento principal de insolvencia en el extranjero por el tribunal competente para abrirlo podrán ser reconocidas y ejecutadas en España previo el correspondiente exequátur.

2. Antes del reconocimiento de un procedimiento extranjero de insolvencia y a instancia de su administrador o representante, podrán adoptarse conforme a la ley española medidas cautelares, incluidas las siguientes:

1.ª La paralización de cualquier medida de ejecución contra bienes y derechos del deudor.

2.ª La atribución al administrador o representante extranjero, o a la persona que se designe al adoptar la medida, la administración o la realización de aquellos bienes o derechos situados en España que, por su naturaleza o por circunstancias concurrentes, sean perecederos, susceptibles de sufrir grave deterioro o de disminuir considerablemente su valor.

3.ª La suspensión del ejercicio de las facultades de disposición, enajenación y gravamen de bienes y derechos del deudor.

Si la solicitud de medidas cautelares hubiere precedido a la de reconocimiento de la resolución de apertura del procedimiento de insolvencia, la resolución que las adopte condicionará su subsistencia a la presentación de esta última solicitud en el plazo de veinte días.

II. PRECEPTOS DE LA LEY ORGÁNICA 8/2003, DE 9 DE JULIO, PARA LA REFORMA CONCURSAL

Artículo primero. Efectos del concurso sobre derechos fundamentales del concursado.

1. Desde la admisión a trámite de la solicitud de declaración de concurso necesario, a instancias del legitimado para instarlo, o desde la declaración de concurso, de oficio o a instancia de cualquier interesado, y tanto en los casos de suspensión como en los de intervención de las facultades de

administración y disposición del deudor sobre su patrimonio, el juez podrá acordar en cualquier estado del procedimiento las siguientes medidas:

1.ª La intervención de las comunicaciones del deudor, con garantía del secreto de los contenidos que sean ajenos al interés del concurso.
2.ª El deber de residencia del deudor persona natural en la población de su domicilio. Si el deudor incumpliera este deber o existieran razones fundadas para temer que pudiera incumplirlo, el juez podrá adoptar las medidas que considere necesarias, incluido el arresto domiciliario.
3.ª La entrada en el domicilio del deudor y su registro.

2. Si se tratare del concurso de una persona jurídica, las medidas previstas en el apartado anterior podrán acordarse también respecto de todos o alguno de sus administradores o liquidadores, tanto de quienes lo sean en el momento de la solicitud de declaración de concurso como de los que lo hubieran sido dentro de los dos años anteriores.

3. La adopción de cualquiera de las medidas descritas en el apartado 1 de este artículo se acordará previa audiencia del Ministerio Fiscal y mediante decisión judicial motivada, conforme a los siguientes criterios:

a) La idoneidad de la medida en relación con el estado del procedimiento de concurso;
b) El resultado u objetivo perseguido, que se expondrá de manera concreta;
c) La proporcionalidad entre el alcance de cada medida y el resultado u objetivo perseguido;
d) La duración de la medida, con fijación del tiempo máximo de vigencia, que no podrá exceder del estrictamente necesario para asegurar el resultado u objetivo

perseguido, sin perjuicio de que, de persistir los motivos que justificaron la medida, el juez acuerde su prórroga con los mismos requisitos que su adopción. Durante el tiempo de vigencia de la medida, el juez podrá acordar en cualquier momento su atenuación o cese.

4. La intervención de las comunicaciones telefónicas deberá realizarse conforme a lo previsto en la Ley de Enjuiciamiento Criminal.

5. La autorización judicial de entrada y registro en el domicilio del deudor o de las personas a las que se refiere el apartado 2 de este artículo, cuando nieguen su consentimiento, habrá de basarse en indicios racionales de existencia de documentos de interés para el procedimiento concursal, no aportados, o en la necesidad de esta medida para la adopción de cualquier otra procedente.

6. Las decisiones judiciales estimatorias podrán ser recurridas en apelación por el deudor en el plazo de cinco días, sin efectos suspensivos, ante la Audiencia Provincial. Este recurso tendrá tramitación preferente.